Christina Bache

111 Orte in und um Marburg, die man gesehen haben muss

Mit Fotografien von Thorsten Richter

emons:

Bibliografische Information der Deutschen Nationalbibliothek
Die Deutsche Nationalbibliothek verzeichnet diese Publikation in der Deutschen Nationalbibliografie; detaillierte bibliografische Daten sind im Internet über http://dnb.d-nb.de abrufbar.

MIX
Papier aus verantwortungsvollen Quellen
FSC® C043106

Layout: Editorial Design & Artdirection, Conny Laue, Bochum, nach einem Konzept von Lübbeke | Naumann | Thoben
Kartografie: altancicek.design, www.altancicek.de
Kartenbasisinformationen aus Openstreetmap,
© OpenStreetMap-Mitwirkende, ODbL
Druck und Bindung: Grafisches Centrum Cuno, Calbe
Printed in Germany 2023
ISBN 978-3-7408-1225-6

Vorwort

Liebe Leserinnen und Leser,
ich dachte, ich kenne Marburg wie meine Westentasche – immerhin wohne ich seit 1993 in der Stadt, bin seit 2015 Geschäftsführerin der Oberhessischen Presse und viel in der Region unterwegs. Doch seit sich die Autorin Christina Bacher und der Fotograf Thorsten Richter zusammengetan haben, um für das Buch »111 Orte in und um Marburg, die man gesehen haben muss« auf Entdeckertour zu gehen, wurde ich eines Besseren belehrt: Mit Kamera, Schreibutensilien und einem speziellen Blick auf unsere Stadt ist es den beiden gelungen, Orte ausfindig zu machen, von denen ich zuvor noch nie gehört hatte. Sie sind ins Umland gefahren, um dort auf Wichtel zu stoßen, und haben einen Kriminalfall in der Elisabethkirche gelöst. Sie haben sich in den Stadtteilen nach Besonderheiten umgesehen und auf Friedhöfen Gräber entdeckt, die eine ganz spezielle Geschichte erzählen. Einige Orte sind mir natürlich bekannt, und dennoch hat mich so manches Detail überrascht. Beim Lesen habe ich richtig Lust bekommen, mich neu auf die Stadt einzulassen, in der ich mich seit drei Jahrzehnten zu Hause fühle.

In jedem Kapitel spürt man die Abenteuerlust der Autorin, die nach zwölf Jahren in Marburg nach Köln gezogen ist, um dann wie ein Bumerang immer wieder an die Lahn zurückzukommen – auch in ihrem literarischen Schaffen. Und es überträgt sich der frische Blick des Fotografen, den er sich bewahrt hat, obwohl er mitten in der Stadt lebt und täglich beruflich mit den Marburgern und ihren Wirkungsstätten zu tun hat. Danke dafür!

Einen herzlichen Dank möchte ich allen Mitwirkenden aussprechen. Allen, die mit diesem Buch die Stadt erkunden wollen, wünsche ich viel Spaß – mit den beiliegenden Karten und Hintergrundinfos wird das locker gelingen!

Ihre Ileri Meier

111 Orte

1 Der Affe

Sophies heimliches Haustier

Links vor dem Rathaus, dort, wo es zur Straße Am Hirschberg hin ein wenig abschüssig wird, befindet sich die Bronzeskulptur der Sophie von Brabant, der Tochter der heiligen Elisabeth, der Landgräfin von Thüringen. Zu ihrem 150-jährigen Jubiläum gab die Sparkasse – gegründet 1838 – dieses Denkmal bei dem Künstler Ivan Theimer in Auftrag. Die Skulptur, die 1989 in räumlicher Nähe zur Sparkassenfiliale am Marktplatz aufgestellt wurde, zeigt den Marburger Bürgern ihren Sohn Heinrich (1244–1308), genannt »das Kind«. Er war später Landgraf von Hessen, und die Darstellung zielt auf die Legende ab, nach der Sophie im Frühjahr 1248 dem Volk ihren noch unmündigen Thronfolger präsentiert haben soll. Vielen gilt dieser Akt, der so in Wahrheit nie stattgefunden haben kann, als Gründungsdatum des Landes Hessen.

Der Sandsteinsockel ist reich verziert mit diversen Siegeln, Stadtansichten und Münzen. Sie stammen von Repliken, die der damalige Stadtarchivar Ulrich Hussong zur Verfügung stellte – die Schildkröten und Eidechsen sind von Theimer selbst und typisch für seine Kunst. Am Fuß der schlanken, hochgewachsenen Frau kauert ein kleiner Affe mit einem irren Gesichtsausdruck, seltsamerweise also nicht der Löwe, das Wappentier des Hauses Hessen. Ivan Theimer, 1944 in Olmütz in Mähren geboren, war wohl kaum bewandert in der Marburger Geschichte. Er hat sich laut eigener Aussage einfach am Relief von Ludwig Juppe aus dem Jahr 1524 orientiert, das sich ein paar Meter weiter über der Tür zum Rathaus befindet und einen Löwen zeigt, der – hätte er keine Mähne und Pranken – aussieht wie ein Affe. Skurril!

Übrigens: Sophies heimliches Haustier hat regelmäßig eine abgebrannte Kippe im Mund, manchmal klemmt die Fluppe auch zwischen den langen, knochigen Fingern. Unklar ist, ob dahinter ein Einzeltäter oder gleich eine ganze Bewegung steckt.

Adresse Am Markt 1, 35037 Marburg | ÖPNV Bus 10, Haltestelle Markt | Tipp Der einzige in Hessen im Original erhaltene Karzer, in den von 1879 – mit Unterbrechungen – bis 1931 ungehorsame Studierende eingesperrt wurden, befindet sich im Dachgeschoss des Südflügels der nahen Alten Universität. Am Tag des offenen Denkmals kann er besichtigt werden, ein Schaukasten neben dem Eingang gibt durch Fotos ganzjährig Einblick in die Zelle.

2 Der Affenfelsen

Brutalismus an der Lahn

Marburg hat zwar keinen Zoo, dafür aber einen Affenfelsen. Das auffällige 15-stöckige, terrassenförmige Gebäude an der Ecke Schwanallee/Gisselberger Straße erinnert in der Tat ein wenig an die künstlichen Gesteinsformationen eines Affengeheges, weshalb es im Volksmund recht schnell seinen Ruf weghatte. Um im Jahr 1973 ein solch massiges Gebäude aus Beton im Stil des Brutalismus, einer eher rohen und kraftvollen Bauart, errichten zu können, musste der legendäre »Gasthof zum Schützenpfuhl« weichen. Der auch als »Wirtshaus an der Lahn« bekannte Fachwerkhof galt bereits seit 1783 als beliebte Anlaufstelle für Einheimische und Reisende gleichermaßen, lag er doch günstig an der damals einzigen Straße nach Frankfurt. Der Abriss des in die Jahre gekommenen Hauses 1970 geschah unter großem Protest vieler Bürger, die sich für den Erhalt des Kleinods eingesetzt hatten – leider ohne Erfolg.

Man mag das 51 Meter hohe Wohn- und Geschäftshaus des Architekten Hans-Werner Schreyer heute für unansehnlich, nicht mehr zeitgemäß oder einfach nur für hässlich halten, aber eins muss man ihm lassen: Es bietet günstigen Wohnraum für diejenigen, die sich die horrenden Mieten in der Stadt nicht leisten können. Außerdem gibt es eine Bushaltestelle direkt vor der Tür und kostenlose Parkplätze hinterm Haus, die ausschließlich den Bewohnern zur Verfügung stehen, wie eine Annonce verkündet, die um potenzielle neue Mitbewohner für ein 13-Quadratmeter-Zimmer im Affenfelsen wirbt. Was will man mehr?

»Affenfelsen« – so heißt auch ein Theaterstück, das Willi Schmidt vor einigen Jahren in der Waggonhalle auf die Bühne brachte. Darin geht es um große gesellschaftliche Themen wie Verlustängste, die Flüchtlingskrise und Rechtspopulismus am Beispiel der Bewohner des Wohnblocks. Übrigens: Schmidt hat Ende der 80er Jahre selbst im Affenfelsen gewohnt.

Adresse Gisselberger Straße 2, 35037 Marburg | ÖPNV Busse 1, 2, 3, 4, 7, 27, 383, Haltestelle Frankfurter Straße (direkt vor der Haustür) | Tipp In Marburg gab es tatsächlich mal einen Zoo, der sich von der Jahnstraße bis zur kleinen Brücke am Erlengraben zog und während des Zweiten Weltkriegs geschlossen wurde. Wer heutzutage Tiere bestaunen will, muss sich auf die Reise zu einem der mehr als 15 Tierparks machen, die es in Hessen gibt.

3 Die Alte Hauptpost

Bunker für den Notfall

Lange sah es so aus, als hätte das alte Gebäude seine besten Zeiten hinter sich. Nachdem es die Deutsche Post verkauft hatte, wurde das seit 2007 unter Denkmalschutz stehende Bauwerk aus dem Jahr 1976 erst mal von Investor zu Investor weitergereicht. Es gilt als bekanntester Entwurf des in Frankfurt geborenen Architekten Johannes Möhrle, der auch die Pläne für den Fernmeldeturm in seiner Heimatstadt (1979) und die Entwürfe für das Neue Post-Center am Bonner Münsterplatz (1999) lieferte. Mit einer Betriebsfläche von 8.600 Quadratmetern, einer Werkstatt für Kraftfahrzeuge und einem separat stehenden Wohnhaus ist es zudem das größte von Möhrles Postgebäuden.

Als massives Bauwerk aus Sichtbeton mit einer simplen geometrischen Form und einer großzügigen Raumaufteilung ist die Alte Hauptpost ganz eindeutig dem Baustil des Brutalismus zuzuordnen, der seinen Namen übrigens vom französischen »Béton Brut« ableitet, was »roher Beton« bedeutet. Wenn diese Gebäude auch nie als richtig schön galten, stehen sie dennoch für Funktionalität und eine gewisse Authentizität.

Im Keller sind noch drei Katastrophenschutzräume für den Ernstfall zu finden. Die Kanten der Wände wurden mit fluoreszierender Farbe gestrichen, sodass man sich auch im Dunkeln zurechtfindet. Handgeschriebene Listen aus dem Jahr 1986 sollen Auskunft geben über die Dinge, die für die Zeit im Bunker notwendig waren, darunter Liegen, Decken und Toilettenpapier. Heutzutage müsste man noch klären, ob genug Wasser vorrätig und die Stromzufuhr gesichert ist und ob man dort unten einen guten WLAN-Empfang hat. Den konnte Möhrle Ende der 70er Jahre natürlich noch nicht auf dem Schirm gehabt haben. Im Gebäude befindet sich übrigens – Relikt vergangener Zeiten – noch die Briefermittlungszentrale, in der Briefe landen, für die man bundesweit keinen Empfänger oder Absender ausfindig machen kann.

Adresse Zimmermannstraße 2, 35039 Marburg | ÖPNV Busse 2, 4, 27, 76, Haltestelle Zimmermannstraße; vom Hauptbahnhof fünf Minuten zu Fuß | Tipp In der nahen Anneliese-Pohl-Allee befindet sich seit 2017 der »Aroma Lahn Beach«, wo man in den Sommermonaten bei einem Zitrone-Basilikum-Eis im Liegestuhl chillen kann.

4 Die alte Tabakfabrik

Knubbelei am Schwanhof

Manchmal wird auf eBay noch einer der schönen alten Kautabaktöpfe, eine Blechdose mit dem Firmenlogo »Stephan Niderehe & Sohn – Marburg« oder sogar »Antiker Goldschnitt Orienttabak« in der Originalverpackung aus den 1930er Jahren angeboten. All diese Relikte vergangener Tage erinnern an die 1817 in Marburg gegründete Tabakfabrik, die nach ihrem Umzug von Weidenhausen an den Schwanhof 1894 als erstes Unternehmen der Branche vom Kaiserlichen Patentamt den Eintrag als geschütztes Warenzeichen erhielt. So beschäftigte die Firma von Stephan Niderehe und Sohn Peter zu Hochzeiten bis zu 400 Mitarbeiter. Der Kau- und Pfeifentabak aus Hessen war zeitweise sogar so begehrt, dass die Kaufleute ihre Kundschaft über weite Strecken mit Pferdekutschen beliefern mussten und die Waren auf andere Kontinente verschifft wurden.

Nachdem der Betrieb 1945 von der amerikanischen Besatzungsmacht beschlagnahmt und die Produktion zeitweise eingestellt worden war, konnte man nicht mehr an alte Erfolge anknüpfen. Deutschland rauchte plötzlich lieber Zigarette als Zigarre oder Pfeife. So wurde im Jahr 1956 das Ende der »Marburger Tabakfabrik« ausgerufen, wie die Firma inzwischen hieß. Doch die GmbH, so beschlossen die Gesellschafter, sollte weiter existieren. Die Erbengemeinschaft sanierte das riesige denkmalgeschützte Areal Am Schwanhof und vermietet es bis heute an diverse Dienstleister und Unternehmen wie auch an das Marburger Geburtshaus.

Zur Freude diverser Nachtschwärmer hat bereits seit 1986 auch der sogenannte Knubbel dort eine Heimat gefunden, ein gemütlicher Club mit Ü-30-Partys, Konzertreihen und Karaoke-Abenden, der auch der Sitz des 1. Marburger Dartsport-Clubs ist. Weil die Nachfrage im Laufe der Jahre immer größer wurde, verlegte man die Events vom kleinen Raum mit Theke in die ehemalige Produktionshalle – dorthin, wo sich einst Pfeife und Zigarre Guten Tag sagten.

Adresse Schwanallee 27–31, 35037 Marburg | ÖPNV Busse 1, 3, 4, 5, 7, 27, 383, Haltestelle Wilhelmsplatz | Tipp Das nahe Georg-Gassmann-Stadion ist ein Fußballstadion, das mit 15.000 Zuschauerplätzen als eine der größten Sportstätten Mittelhessens gilt.

5 Die Alte Weinstraße

Von Marburg in die ganze Welt

Im Hessischen sagt man zu Wagen auch »Woi« oder »Wän«. Nur so ist es zu erklären, dass man Handelsstraßen, auf denen Waren von A nach B transportiert wurden, schon in grauer Vorzeit Wei(n)straßen nannte. Eine dieser Handelsstraßen – von Frankfurt nach Hildesheim und weiter in den norddeutschen Raum – führt seit Jahrhunderten durch Marburg. Hier, auf der Anhöhe von Ockershausen nach Wehrshausen, kreuzt sie schließlich eine weitere wichtige Verbindung: die Fernstraße Marburg–Siegen–Köln.

Das Drehkreuz Dreilinden – heute eine eher unscheinbare Kreuzung – war im Mittelalter einer der wichtigsten Verkehrsknotenpunkte im damaligen Handelswegenetz. Bereits im Jahr 772 als Trasse für den Aufmarsch im Sachsenkrieg und andere militärische Aktionen genutzt, wurde die Route von Frankfurt nach Hildesheim dagegen erst ab dem 12. Jahrhundert – mit der Entwicklung der Städte – regelmäßig als Handelsstraße genutzt. Vom Rhein-Main-Gebiet zog sich die Weinstraße durch die Wetterau und Gießen nach Marburg und weiter über Wetter, Frankenberg und Korbach bis nach Paderborn.

Je befahrener die unbefestigte Straße war, desto mehr Nebenwege wurden angelegt. Wenn es an manchen Stellen zu sumpfig für die schweren Wagenräder war, musste man schon mal Umwege in Kauf nehmen. Auch aus Sicherheitsgründen änderte man ab und zu die bewährte Route, denn Wegelagerer waren keine Seltenheit. Darüber, wie die frühen Handelswege genutzt wurden, gibt die Verbreitung von Münzen wie der Kölner Pfennig Auskunft. So weiß man beispielsweise, dass die Stadt Alsfeld im 15. Jahrhundert offenbar fleißig Wollhandel betrieb und deswegen in regem Austausch mit Köln stand und dass Wollweber aus den Niederlanden in Fritzlar sesshaft wurden. Heute ist die Alte Weinstraße im Marburger Süden eher Schleichweg als repräsentative Autobahn. Aber es gibt sie noch, und man kann sie immer noch befahren. Gutes bleibt.

Adresse zwischen 35041 Wehrshausen und 35037 Ockershausen | ÖPNV Bus 5, Haltestelle Soldatengraben, von dort 15 Minuten zu Fuß | Tipp Das Restaurant Sellhof am Oberen Rotenberg ist aus einer Station des alten Handelsweges hervorgegangen, an der man damals die Pferde ausspannte und Rast machte. Heute gibt es hier gutbürgerliche Küche.

6 Die Alte Ziegelei

Lager für sogenannte Zwangsarbeiter

In der Ockershäuser Allee wurde 2019 die Wohnanlage »Alte Ziegelei« mit 40 Wohneinheiten und einigen Büros eröffnet. An die Zeit, als man hier Ton verarbeitete, erinnert noch der historische Ringofen auf dem ehemaligen Firmengelände der »Sprengstoff und Kunststoff GmbH«. Auch die Fassaden der neuen Wohnhäuser, die aussehen, als wären sie aus Klinkersteinen errichtet, lassen die Vergangenheit wieder aufleben. Spuren der Jahre 1943 bis 1945 dagegen, als sich auf dem Gelände der Ziegelei ein großes Lager für Zwangsarbeiter befand, sucht man vergeblich.

Tatsächlich waren auf den 4.500 Quadratmetern unter Aufsicht der Wehrmacht zeitweise circa 260 französische und 140 italienische Kriegsgefangene in Baracken eingesperrt, um sie zu harter körperlicher Arbeit in der Landwirtschaft, im Handel oder in Privathaushalten zu verpflichten. In der Ziegelei gegenüber waren es rund 120 russische Gefangene, die man in der Rüstungsproduktion und in der Lebensmittelversorgung einsetzte – übrigens von den Arbeitsämtern koordiniert. Belegt ist, dass die Stadt Marburg am 12. Dezember 1943 mit dem Ziegeleibesitzer Hans Bone von Schwerin einen Pachtvertrag abschloss und dann mit dem Bau begann. »Der Standort der Baracken […] ist auf Vorschlag des Stadtbauamts so gewählt, dass eine Störung der Stadt oder des Stadtbildes möglichst vermieden wird«, hieß es in einem Schreiben an den damaligen Regierungspräsidenten. Auf einem Lageplan sieht man, wo die Baracken, das Küchengebäude oder auch die Abortbaracke standen.

Im Kreis Marburg sollen zwischen 1939 und 1945 insgesamt 10.500 ausländische Arbeitskräfte im unfreiwilligen Einsatz gewesen sein – der Begriff Zwangsarbeiter wurde erst später geprägt. Dass die Stadt Marburg diejenigen, die damals überlebt haben, heute mit 2.000 Euro symbolisch entschädigen möchte, ist zwar nett gemeint, die meisten von ihnen dürften jedoch inzwischen bereits verstorben sein.

Adresse Ockershäuser Allee 38, 35037 Marburg | ÖPNV Busse 1, 3, 4, 5, 7, 27, 383, Haltestelle Wilhelmsplatz; Bus 5, Haltestelle Taubenweg | Tipp Auf dem riesigen Hauptfriedhof in der Ockershäuser Allee befinden sich auf der Terrasse oberhalb der Gedenkstätte für die Opfer des Zweiten Weltkriegs auch zwei Gräberfelder – P und Q – der verstorbenen Zwangsarbeiter.

7 Die Asthma-Treppe

Schrittmacher fürs Herz

Die Enge Gasse macht ihrem Namen alle Ehre. Der steilste Treppenaufgang zur Fußgängerzone, im Volksmund auch »Asthma-Treppe« genannt, beginnt am Pilgrimstein und endet direkt in der Oberstadt. Noch bis in die 1970er Jahre zum Unmut der Anwohner nur als »Drecksloch« betitelt, war die schmale Gasse bereits im Mittelalter ein wichtiger Kanal für das gesamte Abwasser vom Schloss. Der Abflussgraben führte damals oberirdisch durch die Enge Gasse runter zum Mühlgraben in die Lahn – der Gestank der Exkremente muss hier kaum auszuhalten gewesen sein, und die Gefahr, sich mit Krankheiten wie Typhus anzustecken, war an diesen Orten der fehlenden Hygiene wegen besonders hoch. Das änderte sich erst mit dem Bau einer städtischen Kanalisation in den Jahren 1895 bis 1900.

Heute dürfte die Treppe mit ihren insgesamt 170 Stufen die längste der rund 40 Treppen der ganzen Innenstadt sein. Schon Märchensammler Jacob Grimm erinnerte sich Anfang des 19. Jahrhunderts an das permanente Auf und Ab in der Lahnstadt. »Ich glaube, es sind mehr Treppen auf den Straßen als in den Häusern«, schrieb er über seine Marburger Studienzeit. Diesen Umstand machte sich die Initiative »Gesunde Stadt« in Kooperation mit der Philipps-Universität anlässlich des Stadtjubiläums »Marburg800« im Jahr 2022 zunutze und lobte einen Treppenlauf aus, dessen Einnahmen an soziale Einrichtungen gespendet wurden.

Spannend ist übrigens, dass jede Marburger Treppe eine kleine Besonderheit aufweist: Während man sich auf halber Höhe der Asthma-Treppe auf eine Pause in gleichnamiger Gastronomie freuen kann, ist die Ludwig-Bickell-Treppe, die zum Schloss führt, mit Sprüchen der Brüder Grimm beschriftet.

In Deutschland gibt es mehr als 20 Asthma-Treppen. Vielleicht sollte man einmal einen Contest ausloben, welche von ihnen die steilste ist. Marburg hätte dabei jedenfalls gute Chancen.

Adresse Pilgrimstein (links neben dem Parkhaus), 35037 Marburg | **ÖPNV** Busse 1, 3, 4, 5, 6, 7, 10, 27, 383, Haltestelle Rudolphsplatz | **Tipp** Wer sich lieber mit dem Fahrrad fit hält, kann sich bei den Interkulturellen Radtouren von Argenstein zur Zeiteninsel oder auch ins nahe Ohmtal einklinken, die die Stadt gemeinsam mit Migrantenvereinen und dem Fachdienst Migration und Flüchtlingshilfe veranstaltet (Termine nach Anfrage per E-Mail an gesund@marburg-stadt.de).

8 Die Augustenruh

Naturschwärmerei par excellence

Beim Besuch von Auguste von Preußen (1780–1841) in Marburg am 13. Mai 1814 handelte es sich eigentlich um eine Stippvisite. Und die hätte sich vermutlich nicht in das Stadtgedächtnis eingegraben, wenn damals nicht einige Marburger Bürger ihr zu Ehren einen Obelisken gestiftet und ihn genau an der Stelle aufgestellt hätten, an der die Kurfürstin ein wenig verweilt haben soll: oberhalb der St. Michaelskapelle mit schönem Blick auf die im Frühjahr erblühende hessische Landschaft und das gegenüberliegende Schloss.

Die Ehefrau von Wilhelm II. von Hessen-Kassel war damals sicher nicht in bester Verfassung, war doch ein Jahr zuvor dessen Geliebte offiziell eingezogen, woraufhin man eine geheime Trennungsvereinbarung geschlossen hatte. Die passionierte Malerin, von der es zahlreiche Selbstbildnisse gibt, liebte die Natur und pflegte enge Bande zu Zirkeln, zu denen auch die Brüder Grimm oder Joseph von Radowitz gehörten. Vielleicht deshalb gab sie sich bei dem kleinen Spaziergang auf die Anhöhe der Naturschwärmerei hin und wurde somit zum Vorbild anderer Naturliebhaber, die heute noch in der Schutzhütte Augustenruh unterhalb des bereits recht verwitterten Obelisken Ruhe und innere Einkehr suchen. »Heil der naturliebenden Fürstin, ihr gebührt unsere heilige Verehrung«, heißt es auf dem Monument. Und zur Südseite hin erklären die edlen Spender auf einem Stein ihre Zuneigung gegenüber der »hochverehrten Kurprinzessin von Hessen Friederike Auguste Christiane«.

Hier auf der Augustenruh – früher Lützelberg genannt – soll bereits in karolingischer Zeit eine fränkische Wehranlage gestanden haben. Dafür fehlen zwar die Beweise, aber denkbar ist eine frühe Besiedlung allein schon deshalb, weil man von hier oben einen phantastischen Blick auf Stadt und Schlossberg hat. Den wollte sich Auguste eben auch nicht entgehen lassen, die – laut Inschrift – hier »weilte sinnend an dieser Staette sich freuend des Anblicks der grossen und schoenen Natur.«

Adresse Friedrich-Siebert-Weg, 35037 Marburg | ÖPNV Busse 2, 3, 4, 10, 27, 383, Haltestelle Elisabethkirche, von dort circa 15 Minuten zu Fuß, vorbei an der St. Michaelskapelle | Tipp An der Augustenruh befindet man sich auf dem sogenannten Stadtwanderweg, der auf zehn Kilometern vom Gisonenweg bis zur historischen Wanderhütte Annablick führt. Von vielen Punkten aus hat man einen famosen Ausblick.

9 Das Außenklo

Abort für Adlige

Abort-Schacht, stilles Örtchen, Abtritt – seit jeher gibt es unzählige Namen für ein und dieselbe unumgängliche Sache: eine Toilette, auf der man sich erleichtern kann. Neben primitiven Gruben im Erdreich oder in den Fels geschlagenen Löchern nutzte man im Mittelalter zunächst Nachttöpfe, deren Inhalt man später einfach auf die Straße leerte – übrigens der Grund, warum manche Straßen noch heute Köttelgasse oder Drecksloch (siehe Ort 7) heißen. Als besonderer Luxus galten schließlich die Plumpsklos, die sich in den Häusern der Patrizier- und Bürgerfamilien in eigens gemauerten Erkern befanden. Auch in Marburg kann man einen solchen Erker an der rechten Außenwand des sogenannten »Steinernen Hauses« oberhalb des Marktplatzes bestaunen. Enge Feuergassen, in denen es regelmäßig von oben Exkremente regnete, wurden logischerweise lieber gemieden. Und blieb etwas am Gemäuer kleben, wurden die Reste einfach vom nächsten Regen weggespült.

Fürstlicher kackten der Landgraf und seine Familie, die ja oben im Schloss lebten. Hier führte der steinerne Toilettenschacht nämlich direkt in den Burggraben. In Burgen war das Problem der Notdurftbeseitigung jedenfalls leichter zu lösen als inmitten der Städte, auch wenn es nirgendwo Wasser zum Spülen gab.

Heute wühlen Archäologen in den alten Abortgruben und finden darin Hinweise auf Ernährungsgewohnheiten und Krankheiten der Menschen von damals. Dass man sich später doch dazu entschied, die Toiletten »haymelich« zu machen und nach innen zu verlegen, kann auch daran liegen, dass die Erker manchmal eine große Gefahr darstellten: Ungünstig gelegen, galten die Außen-Toiletten nämlich als gefährliche Schwachpunkte einer Trutzburg, wie bei Herzog Gottfried dem Buckligen von Lothringen geschehen, der im Jahr 1076 auf einem Abort im holländischen Vlaardingen erstochen wurde – und zwar von unten!

Adresse Steinernes Haus, Am Markt 18, 35039 Marburg; Landgrafenschloss, 35037 Marburg | **ÖPNV** Bus 10, Haltestelle Markt | **Tipp** Heutzutage befindet sich eine von 15 öffentlichen Toiletten gleich rechts vom Rathaus. Der sogenannte »Bazillensteg« in der Straße Auf dem Wehr beherbergt ebenfalls eine für jeden zugängliche Toilette, und ein wahrhaft stilles Örtchen steht – zumindest zu den gängigen Öffnungszeiten – jeweils auf den Friedhöfen zur Verfügung.

10 Der Berliner Bär

Zeichen der Verbundenheit zwischen Ost und West

Auch wenn es mehr als ein halbes Jahrhundert her ist, werden sich noch viele daran erinnern, wie am 13. August 1961 die Sektorengrenze der Deutschen Demokratischen Republik nach Westberlin auf Befehl des DDR-Staatsratsvorsitzenden und SED-Parteiführers Walter Ulbricht abgeriegelt und schließlich um den gesamten Ostteil der Stadt eine Mauer errichtet wurde. Ab sofort war eine Begegnung der Menschen aus Ost- und Westdeutschland kaum mehr möglich. Zeitgleich wurden in der gesamten Bundesrepublik – bevorzugt an Autobahnen und zentralen Plätzen – steinerne Bären aufgestellt, die die jeweilige Kilometerzahl bis Berlin aufzeigten und die Menschen an die sich gerade vollziehende Teilung dieser Stadt erinnern sollten.

Der erste Meilenstein wurde 1954 auf der Autobahn Frankfurt–Köln, der heutigen A3, errichtet. Er stellt einen Bären nach einer Zeichnung der Künstlerin Renée Sintenis dar, der mit der rechten Tatze in Richtung Berlin zeigt. In den nächsten Jahren folgten mehr als 250 Steine, viele davon sind jedoch heute nicht mehr erhalten.

In Marburg wurde die Steinmetzfirma Paffrath mit dem Auftrag betraut, einen Berliner Bären zu schaffen. Am 6. Dezember 1963 wurde die 1,70 Meter hohe Sandsteinskulptur schließlich am Standort Wilhelmsplatz in einem feierlichen Akt durch Ernst Lemmer, den ehemaligen Minister für Gesamtdeutsche Fragen, als »Symbol dafür, dass Marburg und Berlin unzertrennlich miteinander verbunden sind«, eingeweiht. Finanziert durch das Kuratorium Unteilbares Deutschland sowie durch Landesmittel und Spenden, erinnert das Denkmal seither an dieses wichtige Kapitel deutscher Geschichte – und an die Entfernung zur Hauptstadt, die laut Aufschrift auf dem Sockel 460 Kilometer beträgt. Wenn die Blumen auf dem viel befahrenen Platz in ihrer Blüte stehen, kommt das eher unscheinbare »Mahnmal für die Unteilbarkeit Deutschlands« dann auch wieder mal mehr zur Geltung. Je mehr Blumenschmuck, desto wohler fühlt sich wohl der Bär.

Adresse Wilhelmsplatz, 35037 Marburg | ÖPNV Busse 1, 3, 4, 5, 7, 27, 383, Haltestelle Wilhelmsplatz | Tipp Eisenach ist seit 1988 die Partnerstadt von Marburg. Wer möchte, kann auf dem Elisabethpfad von einer Stadt zur anderen wandern und dabei eine Strecke von 193 Kilometern zurücklegen.

11 Das Biegeneck

Verlorener Kampf ums Kleinviertel

Am 7. Januar 1993 war es nach drei Jahren vorbei. Die Biegeneck-Initiative G.M.B.H. (Gegen Marburger Bau- und Hotelspekulanten) musste – mit allen engagierten Künstlern und Bürgern – einsehen, dass sie die Gebäude in der Marburger Stadtmitte nicht würde retten können. Als die Bagger anrollten, wurden trotzdem noch einmal die Plakate gehisst: »Hände weg vom Biegeneck!« Bereits 1989 hatte der rot-grüne Magistrat der Stadt den Abriss der Häuser beschlossen, um an ihrer Stelle ein Viersternehotel mit Tiefgarage zu errichten. Die Besetzung der Häuser erschwerte zwar das Vorhaben, konnte es jedoch letztlich nicht verhindern.

Durch den Abriss von acht Häusern und einer Fabrikhalle verloren rund 80 Menschen ihren Wohnraum, sechs Gewerbebetriebe und zahlreiche soziale Initiativen mussten sich eine neue Bleibe suchen. Dabei hatte es zwischendurch ganz gut ausgesehen für die Aktivisten: Immer mehr Menschen kamen zu den Ausstellungen, Theaterstücken und Hoffesten und lieferten so den Beweis, dass eine Verzahnung von Wohn-, Gewerbe- und Kulturräumen für eine Stadt von hohem Wert sein kann. Namhafte Architekten erstellten Gutachten, welche die Erhaltung des Kleinstviertels rund um die ehemalige Zentrifugenfabrik am Fuß der Oberstadt empfahlen.

Doch zu spät. Der Beschluss stand fest, und die Fronten auf beiden Seiten verhärteten sich. Heute – 30 Jahre später – haben sich die Marburger an ihre neue Mitte gewöhnt, und viele erinnern sich gar nicht mehr an die turbulenten Zeiten rund ums Biegeneck. Abends flaniert man durch das Lahn-Center, in dem sich neben Restaurants und Fast-Food-Buden auch das zuvor genannte Viersternehotel mit Tiefgarage befindet. Wer sich das Bildmaterial rund um die Hausbesetzung von damals auf YouTube anschaut, bekommt eine Ahnung davon, wie bunt, kreativ, unkonventionell und kämpferisch die beschauliche Stadt an der Lahn sein kann.

Adresse Pilgrimstein 29, 35037 Marburg | ÖPNV Busse 1, 3, 4, 5, 6, 7, 10, 27, 383, Haltestelle Rudolphsplatz | Tipp Auf dem Gerhard-Jahn-Platz – gegenüber dem Lahn-Center – sitzt der Marburger Kunstverein. In der gläsernen Halle werden auf 525 Quadratmetern sechs Ausstellungen im Jahr gezeigt, der Eintritt ist frei.

12 Die Büchertauschzellen

Paradies für Leseratten

Seit ein paar Jahren schießen sie an vielen Stellen wie Pilze aus dem Boden – die Büchertauschzellen oder offenen Bücherbuden. Das Konzept dabei ist ganz einfach: Man stellt ein ausgelesenes Buch in den Kasten hinein und holt sich – wenn man möchte – ein neues Buch wieder heraus. Die ganze Aktion ist kostenfrei und steht allen Menschen offen. Meistens stecken ehrenamtliche Initiativen dahinter, die sich für die Leseförderung engagieren oder auch dafür, dass der wertvolle Lesestoff nicht in der Mülltonne landet.

Eines der ersten kostenlosen Büchertauschangebote in Marburg findet man im Stadtteil Richtsberg: Hier hat sich das Gemeinschaftsprojekt »Kultur & Kulturen« des Vereins Netzwerk Richtsberg zusammen mit dem Netzwerkpartner Bürgerinitiative für soziale Fragen e. V. (BSF) bereits im Jahr 2013 für die Idee eingesetzt, seitdem ist die als Telefonzelle getarnte Bücherbude an der Ecke Friedrich-Ebert-Straße/Damaschkeweg ein fester Bestandteil des Viertels. Während diese Zelle nachts abgeschlossen wird, um Vandalismus vorzubeugen, sind die meisten Bücherbuden der Stadt rund um die Uhr frei zugänglich, wie beispielsweise die öffentlichen Bücherregale in der Ockerhäuser Allee 84, Auf dem Wehr 1 oder auch im Brücker Weg 1. Ein besonders stabiles Modell entdeckt man an der Adresse Zahlbach 2, hier handelt es sich um ein Häuschen mit verschließbarer Tür. Auch im ländlichen Raum hat das Phänomen inzwischen Schule gemacht, nur dass es in Wetter Bücherwürfel heißt und in Staufenberg Bücherschrank und in Lollar – etwas missverständlich – Dorfbücherei.

Egal, wo man fündig geworden ist: Wenn man möchte, kann man das Buch nach der Lektüre wieder auf die Reise schicken und anderen Menschen damit eine Freude machen. »Spam«, also Bücher, die nun wirklich niemand mehr lesen will, sind übrigens nicht geeignet für die Büchertauschzellen.

Adresse Ecke Friedrich-Ebert-Straße/Damaschkeweg, 35039 Marburg | ÖPNV Busse 1, 4, Haltestelle Damaschkeweg | Tipp Das BFS (Bewohnernetzwerk für Soziale Fragen) hat seinen Sitz direkt neben der Büchertauschzelle auf dem Richtsberg. Vor 50 Jahren von den Marburger Bürgern als gemeinnütziger Verein gegründet, bietet es inzwischen auch einen Jugendclub, Sportangebote und Ferienprojekte.

13 Die Burgruine Weißenstein

Rätsel um die verschwundenen Steine

Im Stadtteil Wehrda befinden sich noch immer Reste einer Burg, die am 11. August 1232 erstmals in einem »Wunderbericht« erwähnt wurde und deren Name auf die besondere Lage auf einer ausgebleichten weißen Steinkuppe verweist: Weißenstein. Besonders viel ist nicht über die damals wohl recht stattliche Anlage bekannt, die Ende des 9. Jahrhunderts in Sichtweite des Marburger Schlosses erbaut und dann bis zum 11. Jahrhundert durch Ringmauern und ein Wohnhaus mit einem fünfeckigen Turm erweitert wurde. Die einzige historische Nachricht über die Existenz der Burg stammt aus der Landeschronik des Wigand Gerstenberg von Frankenberg. Demnach soll die Burg zusammen mit drei weiteren Festungen der Region auf Befehl von Sophie von Brabant 1247/48 zerstört worden sein. Durch neuere archäologische Forschungen – eine erste Ausgrabung durch den Marburger Geschichtsverein erfolgte bereits 1884/85, eine weitere archäologische Untersuchung dann 1956/57 – will man herausgefunden haben, dass die Burg bereits um 1100 vernichtet wurde. Jedenfalls bemühte man sich bei der Restaurierung in den Jahren 1988 bis 1994 darum, das historische Fundament um eine Steinanlage zu ergänzen, um die Mächtigkeit der Burganlage zu demonstrieren, die mit sechs Wällen nach Norden hin geschützt war und von der heute so gut wie nichts mehr übrig ist.

In einer Sage, die Georg Thomas Dithmar (1810–1901) verfasste, heißt es, dass erboste Bauern den in der Burg ansässigen Ritter in einen Hinterhalt lockten, um ihn zu ermorden. Als sie später auch noch das goldene Portal der Festung stehlen wollten, war dies jedoch plötzlich verschwunden. Ob der wertvolle Schatz bis heute auf dem Boden der Lahn liegt? Den ergrimmten Bauern jedenfalls blieb nichts anderes übrig, als sich an den profanen Resten der Burg zu bedienen. Frevel!

Adresse 35041 Marburg | Anfahrt B3, Abfahrt Marburg-Wehrda, dann über die L3381 Richtung Gossfelden, Burg nördlich von Wehrda, kostenlose Parkmöglichkeiten vorhanden | Öffnungszeiten jederzeit frei zugänglich | Tipp Auch die Burg Frauenberg aus dem 13. Jahrhundert ist heute eine Ruine. Die auf einem Basaltkegel über dem Ebsdorfergrund gelegene Festung sollte vermutlich den »Langen Hessen« sichern, eine wichtige Verbindungsstraße von Nordhessen ins Rhein-Main-Gebiet. Heute locken dort zwei Restaurants.

14 Der Butt

Märchenhafter Grimm-dich-Pfad

Eine besondere Entdeckungsreise auf den Spuren berühmter Märchen bietet der sogenannte Grimm-dich-Pfad, dessen erste Station sich inmitten des Alten Botanischen Gartens befindet. Seit 2015 begrüßt ein im Teich schwimmender Butt die Spaziergänger, in Anlehnung an das plattdeutsche Märchen »Von den Fischer und siine Fru«. Der Geschichte zufolge angelt ein Fischer einen Butt, bei dem es sich eigentlich um einen verwunschenen Prinzen handelt. Als er ihm die Freiheit schenkt, hat er einen Wunsch frei. Im Auftrag seiner habgierigen Frau wünscht er sich erst eine Hütte, dann gleich ein ganzes Schloss. Als die Frau immer noch nicht zufrieden ist und verlangt, wie Gott zu sein, ist plötzlich wieder alles wie vorher: Das Paar lebt ab sofort wieder in tiefer Armut in einem alten »Pissputt«. Die Brüder Grimm nahmen dieses Märchen in ihre Sammlung der Kinder- und Hausmärchen auf, für die sie weltberühmt wurden.

Heute nutzt die Stadt diese Geschichten und präsentiert die wichtigsten Motive aus den Märchen auf einer Route, zu der es sogar eine eigene Website gibt. Mit einem Höhenunterschied von 109 Metern und auf zwei Kilometern Länge ist die Strecke – im Jahr 2009 vom Fachdienst Kultur angedacht und noch im selben Jahr mit dem Hessischen Tourismuspreis ausgezeichnet – für große und kleine Märchenfans bestens geeignet.

Die Skulpturen des Künstlers Sergej Fuchs werden durch Kunstwerke von Pasquale Ippolito ergänzt. Manchmal muss man den Blick nach oben richten, wie beim Wolf und den sieben Geißlein in der Neustadt oder bei Aschenputtels Schuh, der unübersehbar auf der Anhöhe zum Schloss platziert wurde. Motive wie das Lebkuchenhaus von Hänsel und Gretel dagegen, das sich auf dem Märchenspielplatz unterhalb der Lutherischen Pfarrkirche befindet, muss man gezielt suchen. Der Wolf und die sieben Geißlein am Steinweg wurden übrigens vor Kurzem runderneuert.

Adresse Pilgrimstein, 35037 Marburg; Prospekt und Route zum Downloaden unter www.marburg-tourismus.de | ÖPNV Busse 1, 3, 4, 5, 6, 7, 10, 27, 383, Haltestelle Erwin-Piscator-Haus; Busse 2, 3, 4, 10, 27, 383, Haltestelle Elisabethkirche | Tipp Vor dem Haus Barfüßerstraße 30 – in der Nummer 35 sollen die Brüder Grimm zeitweise gewohnt haben – ist der Standort des alten Stadttors im Pflaster durch Sandsteinplatten markiert. Man muss nur genau hinschauen, weil sie meistens von den Stühlen des dort ansässigen Cafés verdeckt werden.

15 Die Camera Obscura

Bilder ohne Speicherkarte

Man kann den Spiegel drehen und wenden, wie man will – das beliebteste Motiv ist immer das imposante Landgrafenschloss. Denn seit die Camera Obscura im Jahr 2002 in einem kleinen sechseckigen Häuschen auf dem Vorplatz des Schlosses ihren Posten bezogen hat, kann man zwischen März und Oktober bei gutem Wetter mit Hilfe einer aus einem Spiegel und einer Linse bestehenden Apparatur das gesamte Umfeld einfangen und auf einem runden Tisch im Innern, der als Projektionsfläche dient, abbilden. Voraussetzung ist natürlich, dass keinerlei Licht in den kleinen Raum dringt. Durch das Drehen und Kippen des Spiegels ist es möglich, ein Sichtfeld von 360 Grad abzudecken. Da lohnt sich auch mal ein Blick rüber auf die Stadt. Die Schärfe des Bildes reguliert man, indem man den Tisch höher oder niedriger stellt. Creepy!

Tatsächlich ist das Marburger Modell, das der Fachbereich Physik anlässlich des 475. Universitäts-Jubiläums zunächst nur übergangsweise auf der Aussichtsterrasse des Schlosses aufbaute, die einzige begehbare Camera Obscura in Hessen. Betrieben wird sie von einem kleinen ehrenamtlichen Team von Menschen im Alter zwischen 25 und 80 Jahren. So begreift man hier oben das Prinzip der Dunkelkammer, das bereits Aristoteles (384–322 vor Christus) erkannt hat. Erste Versuche mit einer Lochkamera wurden bereits um 980 von Alhazen in Kairo gemacht. Dass man die erzeugten Bilder weder speichern noch mitnehmen kann, hat seinen ganz besonderen Reiz. Es geht um diesen einen besonderen Moment – nicht mehr und nicht weniger.

Seit Kurzem erstrahlt das Holzhaus in neuem Glanz: Im Auftrag der engagierten Gruppe, die sich nach wie vor aus dem Fachbereich Physik rekrutiert, hat der Graffiti-Künstler Mathis Hagenauer drei Seiten der Camera Obscura neu gestaltet. Jetzt sieht man bereits von Weitem, worum es sich hier handelt, um eine Kamera ohne Speicherkarte. Um Marburgs Place to be.

Adresse Ludwig-Bickell-Treppe, 35037 Marburg | **ÖPNV** Bus 10, Haltestelle Schloss | **Öffnungszeiten** April–Okt. Mi, Sa, So, Feiertage 14–16 Uhr; Anmeldung von Gruppen zu Sonderterminen bitte zwei Wochen im Voraus per E-Mail an camera.obscura@physik.uni-marburg.de oder unter Tel. 06421/42794 | **Tipp** Wo sich heute die Gaststätte Bückingsgarten befindet, nur ein paar Meter von der Camera Obscura entfernt, lag einst das Grundstück von Louis Bücking (1871–1915), dem Vizebürgermeister der Stadt.

16 Der Christian

Dienstmann Nummer 4

Zu einer Zeit, als der praktische Rollkoffer noch nicht erfunden worden war, griffen wohlhabende Reisende gern auf Kofferträger zurück, um es sich leichter zu machen. Auch am Haupteingang des Marburger Hauptbahnhofs warteten einige Hilfsarbeiter noch bis in die Mitte des letzten Jahrhunderts darauf, sich mit dem Gepäcktransport ein kleines Zubrot zu verdienen, darunter auch Christian Werner aus Hommertshausen.

Der kleinwüchsige, wohl auch geistig behinderte Mann lebte seit seiner Geburt im Jahr 1893 ledig mit Schwester und Mutter im »Schnaarjokobs Haus« und fuhr täglich mit dem Rad und dem Zug nach Marburg zur Arbeit. Obwohl er sich nie besonders zimperlich anstellte, soll er, als er eines Tages einen besonders schweren Koffer zu einem vier Kilometer entfernten Haus bringen sollte, kurzerhand ein Taxi genommen haben. Dem Reisenden präsentierte er später eine saftige Rechnung.

Über den Christian mit der Dienstnummer 4, über den sich viele lustig machten, kursieren zahlreiche Anekdoten und Gerüchte, weshalb man dem letzten Kofferträger seiner Art – stellvertretend für diesen ausgestorbenen Berufsstand – im Jahr 1988 an der Wasserscheide ein Denkmal gesetzt hat, das oft fälschlicherweise als »Postbote« betitelt wird. Geschaffen wurde es von dem Bildhauer Paul Wedepohl, gestiftet hat es Hermann Reidt, der Gründer und Leiter des früheren Lessing-Kollegs für Sprachen und Kultur.

Der passionierte Zigarrenraucher Werner starb 1965, angeblich im Marburger Arbeitshaus in der Mainzer Gasse 31 (heute 32–34). Beigesetzt wurde er auf dem Alten Friedhof in Hommertshausen. Die 1,60 Meter hohe Statue erinnert an den Mann, der mit seiner Zigarre im Mundwinkel und oft deutlich alkoholisiert, bekleidet mit einer blauen Uniformjacke mit goldenen Knöpfen und roter Kappe, betrunken seine Liedchen trällerte. Klein, aber oho!

Adresse Wettergasse 43, 35037 Marburg | ÖPNV Bus 10, Haltestelle Markt | Tipp Im Marburger Schwanhof befindet sich auf 500 Quadratmetern die berühmte Orgelbauwerkstatt Woehl, die für die große »Bach-Orgel« in der Thomaskirche zu Leipzig verantwortlich zeichnet.

17 Der Conrad-von-Marburg-Stein

Mord im Weiler

Zwischen Beltershausen und Moischt liegt der Weiler »Hof Capelle«. Hier stand einmal eine Kapelle, deren beachtliche Ausmaße man nur erahnen kann. Sie soll so groß wie der gesamte Garten gewesen sein, der sich heute hinter dem Privathaus entlangzieht. Als stumme Zeugen vergangener Tage gelten noch der erhaltene Schlussstein und ein Kirchenfenster, das man in dem Gehöft verbaut hat. Am äußeren Rand des Nutzgartens gibt zudem ein Gedenkstein Auskunft über eine grausame Tat, die sich hier am 30. Juli 1233 ereignet haben soll: den Mord an Conrad (auch Konrad) von Marburg (circa 1180–1233).

Dem gefürchteten Großinquisitor war es zu verdanken, dass Marburg neben Jerusalem und Santiago de Compostela schon im Hochmittelalter als populärer Wallfahrtsort galt, denn als Beichtvater der später heiliggesprochenen Elisabeth von Thüringen forcierte er – auf zweifelhafte Art und Weise – den weltweiten Ruhm der früh verstorbenen mildtätigen Frau. Nicht nur, dass er die Trennung von ihren Kindern veranlasste und von ihr vollkommene Unterwerfung forderte, Elisabeth starb letztlich 21-jährig infolge seiner jahrelangen körperlichen Züchtigungen. Seine neue Aufgabe als Ketzerverfolger nutzte er schließlich, um Tausende vermeintliche Gotteslästerer auf dem Scheiterhaufen verbrennen zu lassen. Als er dies jedoch bei Heinrich III. von Sayn versuchte, dem Pflegevater von Elisabeths Töchtern, wurde der Fall dem Inquisitionsgericht entzogen und am Reichsgericht im Dom zu Mainz verhandelt. Nach dieser Niederlage wurde Conrad auf der Rückreise von sechs Berittenen überfallen und erschlagen.

Dass Elisabeth in der nach ihr benannten Kirche neben ihrem ehemaligen Zuchtmeister die letzte Ruhestätte gefunden hat, ist eine bittere Ironie des Schicksals.

Adresse 35043 Hof Capelle, zwischen 35085 Beltershausen und 35043 Moischt | Anfahrt über L3125 und Pfingstgraben | Öffnungszeiten Gedenkstein auf privatem Grundstück, Betreten des Geländes mit gebotener Rücksicht erlaubt | Tipp Am Platz Zur Hainbuche in Moischt kann man es sich an einem der vielen Tische unter den Bäumen gemütlich machen. Der Blick über das Amöneburger Becken ist phänomenal!

18 Die CSD-Ampeln

Marburg for Diversity

Oft müssen einige wenige als leuchtendes Beispiel vorangehen, um anderen Mut zu machen. In Sachen Ampelschaltung zeigte die Stadt Marburg bereits früh Pioniergeist, nämlich Anfang der 70er Jahre, als man in der Ketzerbach – ganz in der Nähe der Blindenstudienanstalt – deutschlandweit die erste Verkehrsregelung mit Signalgeräusch installierte. Heute sind die akustischen Ampeln, die Sehbehinderten und Blinden den Alltag erleichtern sollen, gar nicht mehr aus dem Stadtbild wegzudenken und haben sich auch in vielen anderen Städten durchgesetzt, wie in Köln oder Würzburg.

Im Jahr 2019 schließlich ging den Marburgern – nach Wiener Vorbild – in Sachen Diversity ein Licht auf: Es waren nicht nur genau 25 Jahre seit der Streichung des Paragrafen 175 aus dem Strafgesetzbuch vergangen, der sexuelle Handlungen gleichgeschlechtlicher Paare kriminalisierte, sondern man durfte auch auf 100 Jahre Frauenwahlrecht zurückblicken, feierte 50 Jahre Stonewall-Riots, 30 Jahre Autonomes Schwulenreferat im AStA und das zehnjährige Bestehen des No-Place-Bündnisses. Grund genug also, um den Christopher Street Day Mittelhessen nach Marburg zu holen und für die Rechte von lesbischen, schwulen, bisexuellen, transgender, transsexuellen, queeren und intersexuellen Menschen (LGBTQI) sowie gegen ihre Ausgrenzung zu demonstrieren.

Seither weisen im gesamten Stadtgebiet lesbische Ampelfrauen und schwule Ampelmänner den Menschen den Weg über die Kreuzungen. Die rund 20 Ampeln mit Frauen, die sich an den Händen halten, und Männern, die sich umarmen, fügen sich heute ganz normal ins Stadtbild ein, wie übrigens gleichgeschlechtliche Paare überhaupt, die in Marburg schon früh eine gute Lobby hatten. Ob demnächst auch der Traum eines »Regenbogenzentrums« Wirklichkeit wird, das die LSBT*IQ-Netzwerkstelle Mittelhessen fordert? Es wäre sicher sinnvoller als bunte Zebrastreifen.

Adresse Rudolphsplatz, 35037 Marburg | **ÖPNV** Busse 1, 3, 4, 5, 6, 7, 10, 27, 383, Haltestelle Rudolphsplatz | **Tipp** Jedes Jahr im Juli wird auch in Marburg der Christopher Street Day mit einem Bühnenprogramm vor dem Erwin-Piscator-Haus begangen, um an eine gewalttätige Razzia am 28. Juni 1969 zu erinnern, bei der unter anderem Schwule und Lesben erstmals gegen die Polizeigewalt aufbegehrten (www.csd-marburg.com).

19 Das Deserteur-Denkmal

Nein zum Krieg!

Am Antikriegstag, der seit 1957 alljährlich am 1. September stattfindet, wird bundesweit an die Schrecken des Ersten und Zweiten Weltkriegs sowie allgemein an die Folgen von Krieg, Gewalt und Faschismus erinnert. Angeblich zuerst als provokative Idee einer kleinen Gruppe von Zivildienstleistenden am Niederweimarer See ersponnen, wurde am 1. September 1999 auch in Marburg auf Betreiben der Geschichtswerkstatt ein Denkmal errichtet. Der mit Stahlseilen auf Stahlträger gefesselte Sandstein-Torso des Kieler Steinmetzes Jo Kley soll an die mehr als 100 Todesurteile erinnern, die das damalige Marburger Militärgericht in der Lutherstraße 9 über sogenannte Saboteure, Befehls- und Wehrdienstverweigerer verhängt hat, um sie daraufhin im heutigen Stadtwald erschießen zu lassen.

Da von Anfang an immer wieder Kritik laut wurde, musste das Denkmal häufig den Standort wechseln: Zuerst stand es gegenüber dem Kriegerdenkmal im Schülerpark, von wo es durch die Stadt wieder entfernt wurde. Dann wanderte es rüber zur Studentengemeinde in der Rudolf-Bultmann-Straße und zum Kulturladen KFZ in der Schulstraße, bis es im Jahr 2007 sogar Exponat in der Wanderausstellung »Verbrechen der Wehrmacht« zur NS-Militärjustiz wurde.

Heute hat das Deserteur-Denkmal seinen Platz in der Frankfurter Straße gefunden, unweit der 1936/37 errichteten Wehrmachtskasernen und der gegenüberliegenden Straße Kämpfrasen – sehr zum Ärger der hartnäckigen Kritiker, die darin einen Affront gegenüber den Soldaten sehen, die im Krieg gekämpft haben.

Das Denkmal, auf dem nicht selten Rosen niedergelegt werden, löst bei nahezu jedem Betrachter Beklemmung aus. Immerhin stellt es einen menschlichen Torso ohne Kopf und Füße dar – amputiert, gequält, all seiner Rechte beraubt. Das Gute: Da das Denkmal von Anfang an heftige Debatten ausgelöste, hat es seinen ursprünglichen Zweck längst erfüllt.

Adresse Frankfurter Straße 7, 35037 Marburg | ÖPNV Busse 1, 4, 5, 7, 27, 383, Haltestelle Philippshaus | Tipp Die Geschichtswerkstatt Marburg mit Sitz im Schwanhof ist ein Zusammenschluss von Menschen, die sich für die Geschichte des Ortes interessieren, an dem sie leben. Heute engagieren sich hier etwa 30 Menschen mit unterschiedlichen Arbeitsschwerpunkten und veröffentlichen regelmäßig ihre Forschungsergebnisse (www.geschichtswerkstatt-marburg.de).

20 Das Deutsche Adelsarchiv

Domizil des Gotha

Ein Stammbaum ist die Darstellung der Nachkommen einer Familie. Oft wird so eine Generationenfolge als Baum dargestellt – und zwar von den Wurzeln bis zur Baumkrone, die häufig aus weitverzweigten Ästen besteht. In der Adelsforschung spricht man von erloschenen oder blühenden Zweigen, wenn die Nachkommen noch leben und bekannt sind.

Als anerkannte Forschungsstätte sammelt das Deutsche Adelsarchiv alle Zeugnisse zur Geschichte des Adels und ist als gemeinnützige Institution Ansprechpartner für Wissenschaft und Öffentlichkeit. Obwohl bereits 1919 durch das Inkrafttreten der Weimarer Reichsverfassung alle Standesrechte des Adels abgeschafft wurden, dürfen Titel weiterhin als Teil des bürgerlichen Namens geführt werden. Streng genommen gibt es in Deutschland also gar keinen Adel mehr, dafür aber seit 1958 ein sehr gut geführtes Archiv mit Sitz in Marburg. Als Herausgeber des Gothaischen Genealogischen Handbuchs – auch kurz »Gotha« genannt –, in dem die Wappen und Stammreihen, aber auch die Berufe, Adressen und Konfessionen der einzelnen Mitglieder von Adelsfamilien aufgeführt werden, wird von der Stiftung Deutsches Adelsarchiv eine 250-jährige Tradition fortgesetzt.

Die Gründung des Archivs, das auf zwei Stockwerken einer repräsentativen Villa residiert, geht auf den aus Breslau geflüchteten Oberregierungsrat Hans Friedrich von Ehrenkrook und den aus Mecklenburg vertriebenen Rechtsanwalt Jürgen von Flotow zurück. Die durch sie erstellten »Flüchtlingslisten« ermöglichten 1945 zahlreichen Familien, sich in den Wirren der Nachkriegszeit wiederzufinden. Wandelt man heute durch die hohen Räume mit den Abertausenden Büchern, Schriften und gut verwahrten Siegeln, gewinnt man den Eindruck, dass das blaue Blut noch immer existiert – wenn auch nur in den Erinnerungen und Fotos, die noch gesichtet und digitalisiert werden müssen. Auf die gute alte Zeit!

Adresse Schwanallee 21, 35037 Marburg | **ÖPNV** Busse 1, 3, 4, 5, 7, 27, 383, Haltestelle Radestraße | **Öffnungszeiten** nur nach vorheriger Anmeldung per E-Mail an info@adelsarchiv.de | **Tipp** In dem Haus, in dem heute das Deutsche Adelsarchiv seinen Sitz hat, lebte in den Jahren 1923 bis 1926 der berühmte Philosoph Martin Heidegger. Von der oberen Etage aus soll er seiner Freundin Hannah Arendt Blinkzeichen durch das Fenster gegeben haben – belegt ist das aber nicht.

21 Der Deutsche Sprachatlas

Gutes bleibt!

»Der gute alte Mann ist mit dem Pferde durch's Eis gebrochen und in das kalte Wasser gefallen.« Oder: »Er isst die Eier immer ohne Salz und Pfeffer.« Insgesamt 40 auf den ersten Blick seltsam anmutende Sätze hat der Sprachwissenschaftler Georg Wenker (1888–1923) in einen Fragebogen aufgenommen, den er Ende des vorletzten Jahrhunderts an rund 4.000 Lehrer im Rheinland schickte. Daran geknüpft war die Bitte, diese – auch gern mit Hilfe der Schüler – in den jeweiligen Dialekt zu übersetzen. Dank der so gesammelten lautlichen und grammatikalischen Besonderheiten gewann er bereits kurz darauf einen Überblick über die bestehenden Sprachgrenzen. Wer wo wie sprach, war Ende des 19. Jahrhunderts noch umso interessanter, weil es damals noch kein festgelegtes Hochdeutsch gab und die Dialekte von Dorf zu Dorf variierten. Im Jahr 1887 lagen dem Sprachwissenschaftler mehr als 44.000 ausgefüllte Fragebögen vor. Der Sprachatlas des Deutschen Reiches – die weltweit einzigartige Erhebung einer Nationalsprache – sollte Wenkers Lebenswerk werden, der im Jahr 1911 verstarb.

Im Forschungszentrum Deutscher Sprachatlas – seit 2016 in neuen Räumen untergebracht – werden vor allem die modernen Regionalsprachen untersucht, also alle regionalen Sprechweisen zwischen Dialekt und standardnahem Regionalakzent. REDE nennt sich das Forschungsprojekt. Ob dies alles dem viel beschworenen Untergang der Dialekte Vorschub leisten kann, wird man erst längerfristig sehen. Das Recherche- und Dokumentationszentrum im Erdgeschoss jedenfalls steht jedem offen, der sich für Dialektologie, Regionalsprachenforschung, Phonetik, Prosodie, Phonologie, Morphologie und Syntax sowie für die Methoden der linguistischen Datenerhebung und Datenanalyse interessiert. Die Büste Wenkers findet man im Eingangsbereich. Obwohl er sich verpflichten musste, nichts über seine Studie zu publizieren, bleibt er vielen unvergessen.

Adresse Pilgrimstein 16, 35032 Marburg | **ÖPNV** Bus 10, Haltestelle Parkhaus Oberstadt | **Öffnungszeiten** Besichtigungen nur nach Anfrage unter Tel. 06421/2822483 | **Tipp** Im nahen Alten Botanischen Garten kann man neuerdings Installationen mit QR-Codes nutzen, die die Menschen wieder mehr ins Gespräch bringen soll. Diskutieren und Streiten sind ausdrücklich erwünscht (www.marburgimgespraechsgarten.org)!

22 Die ehemalige Accouchieranstalt

Geburtshilfe in Männerhand

Als Mitte des 18. Jahrhunderts an den Universitäten nicht nur Lehrstühle für Geburtshilfe eingerichtet wurden, sondern in vielen Städten sogenannte Accouchieranstalten, sah es kurzfristig so aus, als wäre die »weibliche« Geburtshilfe bald Geschichte. Allein schon aus Scham bislang am Kreißbett unerwünscht, sollten sich in den Geburtshäusern nun – von Hebammen angelernt – männliche Medizinstudenten in diesem Fachbereich üben. Tatsächlich gilt die im Jahr 1792 in Marburg errichtete Accouchieranstalt als eine der ersten Kliniken für Geburtsmedizin europaweit. Zwar wurden hier auch Hebammen ausgebildet, in erster Linie jedoch sollte das Geburtshaus, das zunächst in der Straße Am Grün residierte und in den Jahren 1823 bis 1866 in der Deutschhausstraße ansässig war, männlichen Geburtshelfern als Lehrstatt dienen. Damit die Forschung rasch voranschreiten konnte, erging 1789 ein Ersuch an den Landgrafen, er solle doch anordnen, »dass alle unehelich geschwängerten bey Strafe von 20 Thaler oder 3monatiges Gefängnis […] schuldig und verbunden seyn müssten, in dem Institut niederzukommen«.

Die Frauen, oft unverheiratete Mägde, mussten sich als Studienobjekte fügen. Eine unverhältnismäßig hohe Operationsfrequenz war die Folge: In der Marburger Accouchieranstalt starben allein zwischen 1836 und 1838 4,2 Prozent der Wöchnerinnen und 25,6 Prozent der Säuglinge bei der damals sehr populären Zangengeburt. Makaber: Die Frauen mussten vorher zustimmen, dass ihre Körper und die ihrer Föten im Falle ihres Ablebens der Anatomie zur Verfügung gestellt wurden. Ein Grab bekamen die wenigsten.

Heute befindet sich in dem Gebäude das Institut für Geographie der Philipps-Universität Marburg – nur eine Plakette neben der Tür erinnert noch an die zweifelhafte Geschichte des Hauses.

Adresse Fachbereich Geographie der Universität, Deutschhausstraße 10, 35037 Marburg | ÖPNV Busse 2, 3, 4, 10, 27, 383, Haltestelle Elisabethkirche | Öffnungszeiten Mo–Fr 8–18 Uhr | Tipp Seit 1977 befindet sich im Alten Kornspeicher am Firmaneiplatz das Mineralogische Museum; das Gebäude stammt aus dem Jahr 1515.

23 Das einstige Stockhaus

Station für Eisengefangene

Majestätisch thront das Landgrafenschloss seit mehr als 800 Jahren auf dem Berg über der Stadt und begrüßt schon von Weitem die Reisenden aus allen Himmelsrichtungen. Die wenigsten wissen jedoch, dass die erste Residenz der Landgrafschaft Hessen in den Jahren 1817 bis 1869 als Gefängnis herhalten musste – das »Stockhaus« beherbergte sogar besonders schwere Fälle: die sogenannten »Eisengefangenen« erster, zweiter und dritter Klasse.

Als eine von sechs Straf- und Besserungsanstalten in Hessen befand sich das Marburger Gefängnis rund 50 Jahre lang im westlichen Teil des Schlosses. In den großzügigen drei Hauptgeschossen war zwar reichlich Platz für Personal und Inhaftierte, viel Auslauf stand den kriminellen Männern dennoch nicht zu: Ihre Füße steckten – je nach Vergehen – in bis zu vier Kilo schweren Eisenketten, die eine Flucht nahezu unmöglich machten. Dies galt als die härteste Bestrafung, die damals möglich war. Hinzu kamen strenge Vorschriften und Regeln für den schweren Arbeitsalltag, der mit einem Weckruf um 4.30 Uhr begann und erst kurz vor dem Abendessen – gegen 18.30 Uhr – beendet wurde. Zu den 91 Personen, die im Jahr 1822 hier ihre Haft verbüßten, gehörte auch Conrad Koch aus Gisselberg. Der 19-Jährige, der wegen wiederholten Diebstahls auf »10 Jahre zu den Eisen, 2. Klasse« verurteilt wurde, nutzte am 13. August 1824 während eines außerhäuslichen Arbeitseinsatzes die Gelegenheit zu fliehen. Zwei Jahre später stellte er sich reumütig bei der Marburger Polizeidirektion.

Dass man die Strafanstalt am 31. März 1860 für immer aufgab und die übrigen Gefangenen in das Kasseler Gefängnis überführte, war vor allem der ungünstigen Lage auf dem Berg geschuldet. Denn bei Eis und Schnee war es den Lieferanten, aber auch den beladenen »Eisengefangenen« nahezu unmöglich, den mühsamen Berg hinaufzukommen. Von Pferdewagen ganz zu schweigen.

Adresse Landgrafenschloss, Schloss 1, 35027 Marburg | ÖPNV Bus 10, Haltestelle Markt | Öffnungszeiten Führungen durch die Schlossanlage über www.marburg-tourismus.de buchbar | Tipp Der Schlosspark gilt als wichtigste Naherholungsfläche der Stadt – neben dem alten Baumbestand findet man hier eine Boulebahn, die große Freilichtbühne und einen Rhododendrongarten.

24 Das Elefantenskelett

Weltsensation in Kirchhain

Es ist Freitag, der 13., als der mächtige Elefantenbulle Jack beschließt, mit dem ganzen Zirkus aufzuhören. Mundharmonika könne er spielen, sich auf Befehl niederknien und ein Lied trompeten, heißt es auf den Plakaten, die in diesen Februartagen 1863 die Ankunft des 22-jährigen Elefantenbullen aus Indien ankündigen. Die Zirkusleute aus Innsbruck haben bereits – nach einem Gastspiel auf dem Marburger Schuhmarkt – die Zimmer im Kirchhainer Gasthaus Zum Hirschen (heute Sonne) in der Borngasse bezogen. Im Hof stehen mehrere bunte Wagen und der Holzkäfig des Tieres, als dieses plötzlich immer unruhiger wird, sodass selbst sein Dompteur Samuel Hampton es nicht beruhigen kann.

Jack, so weiß man heute, befindet sich in der »Musth«, der Fortpflanzungsphase, und folgt nur seinem natürlichen Trieb, seine Kraft zu demonstrieren. Angestachelt durch das Geschrei der Schaulustigen auf den umliegenden Mauern, verwüstet das Tier den Innenhof des Gasthauses, weshalb die besorgten Stadtväter den am Boden zerstörten Zirkusdirektor Anton Grubhofer überreden, das Tier mit in Strychnin getränktem Brot zu vergiften. Als das misslingt, holt man die besten Schützen und eröffnet das Feuer. Letztlich stirbt der Bulle kläglich im Kugelhagel – für den kleinen Wanderzirkus bedeutet dies den Ruin.

Doch Jacks Reise ist noch nicht zu Ende. Für 100 Taler geht das tote Tier an das Anatomische Institut in Marburg, wo man es nach der Präparation als Lehrskelett zur Verfügung stellt. Nach dem Umzug des Instituts von der Ketzerbach auf die Lahnberge verschwinden die 350 Einzelteile erst einmal für viele Jahrzehnte in Kisten.

Einem Team von Marburger Biologen ist es zu verdanken, dass man das 600 Kilogramm schwere Skelett seit 2002 im Foyer des Fachbereichs Biologie bewundern kann – dank des Einsatzes von Stahlträgern, eines speziellen Marmorkitts und einer Rekonstruktion der langen Stoßzähne.

Adresse Foyer im Fachbereich Biologie der Philipps-Universität, Karl-von-Frisch-Straße 8, 35043 Marburg | ÖPNV Busse 2, 9, 11, 27, Haltestelle Botanischer Garten | Öffnungszeiten Mo–Fr 8–18 Uhr | Tipp Der Skulpturenpfad in Kirchhain beginnt am Bahnhof, wo zwei Holzfiguren den Weg weisen. Der neu angelegte Wanderweg soll als Dreh- und Angelpunkt zwischen drei Naherholungsgebieten dienen und ist durch eine Toilettenanlage, Hinweistafeln und gastronomische Angebote gut geschlossen.

25 Die Elsenhöhe

Behrings Laboratorium

Um die Jahrhundertwende muss es auf der Elsenhöhe oberhalb des Ortsteils Marbach noch idyllischer gewesen sein als heutzutage: Historische Fotos zeugen von grasenden Pferden auf saftigem Weideland, dahinter der phänomenale Blick über die Stadt bis rüber zum Schloss. Doch der Schein trügt, denn im Frühjahr 1914 weihte Emil von Behring – erster Nobelpreisträger der Medizin und Erfinder der Blutserumtherapie – in der Wannkopfstraße 13 ein hochmodernes Laboratorium ein.

Ausgestattet mit einem Serumabfüllzimmer, dem Sterilisierraum, einem Lagerkeller, dem Stall mit einer Vorrichtung zur Immunisierung der Pferde, der Pferdekoppel und dem Rinderstall, wurde hier durch die Entnahme von Tierblut in einem aufwendigen Verfahren ein Serum gegen Diphtherie und Tetanus hergestellt. Pferde, so wusste der Mediziner, verfügen über eine besonders große Menge an Blut und regenerieren sich nach einer Entnahme unglaublich schnell. Und da gerade während des Ersten Weltkriegs der Bedarf an Heilserum für verwundete Soldaten anstieg, mussten immer neue Stallungen gebaut und immer mehr Tiere – auch im Auftrag des Kriegsministeriums – auf die Elsenhöhe gebracht werden.

Als Emil von Behring, der am Ende seines Lebens auch psychisch bei schlechter Gesundheit war, im Jahr 1917 verstarb, hinterließ er nicht nur eines der wichtigsten Pharmaunternehmen des Landes, sondern auch sechs Söhne und seine viel jüngere Frau Else (1876–1936), nach der er das Anwesen am Anna-Blick einst benannt hatte. Die Elsenhöhe ist heute eine der zwölf Stationen der Behring-Route, die der Fachdienst Kultur zusammengestellt hat und die Auskunft über die Lebens- und Arbeitsstationen dieses bedeutenden Mannes geben. Das historische Laborgebäude ist übrigens noch erhalten – die Serum-Pferde sind natürlich längst Geschichte. Vor den Behring-Werken in der Marbach hält eine Pferdestatue aus Bronze die Erinnerung wach– stattlich, gesund, ohne Beschwerden.

Adresse 35037 Marburg | **ÖPNV** Bus 14, Haltestelle Wilhelm-Roser-Straße | **Anfahrt** zur Annablick-Hütte in der Elsenhöhe 6, von dort circa zehn Minuten zu Fuß | **Tipp** Oberhalb der Elsenhöhe wurde, umgeben von unberührter Natur, das Mausoleum der Familie von Behring errichtet. Im Erdgeschoss des Hauptraums befindet sich eine Büste, im Untergeschoss stehen die Sarkophage der Familienmitglieder.

26 Das Erwin-Piscator-Haus

Licht aus, Spot an!

Früher hieß die Stadthalle im Marburger Volksmund einfach Stadthalle. Doch als sie nach dem Umbau im Jahr 2016 als multifunktionales Kultur-, Veranstaltungs- und Tagungszentrum wieder eröffnet wurde, besann man sich auf den berühmten Theatermann und Sohn der Stadt, der bereits im Jahr 1899 als Sechsjähriger mit seiner Familie hierhergezogen war und seine gesamte Schulzeit an der Lahn verbrachte: Erwin Piscator.

Nach Jahren am Gymnasium Philippinum und an der Städtischen Oberschule verließ der 1893 geborene Kaufmannssohn Marburg und wandte sich nach anfänglichem Kunst- und Philosophiestudium der Bühne zu. Er volontierte am Münchner Hoftheater und wurde später aufgrund einer Verletzung – Glück im Unglück – im Ersten Weltkrieg einem Fronttheater zugeteilt. Nach einer kurzen, erfolgreichen Zeit in Berlin emigrierte er mit seiner Frau in die USA. In New York begründete er eine Schauspielschule, wo er die späteren Stars Marlon Brando und Arthur Miller zu seinen Schülern zählen durfte. Als er 1951 wieder nach Deutschland zurückkehrte, zeichnete er in kurzer Zeit für 69 Inszenierungen verantwortlich, vier davon fanden auf Marburger Bühnen statt.

Wer mehr über diese Aufführungen – darunter Jean-Paul Sartres »Die Eingeschlossenen« – wissen will, kann sich heute in einer kleinen Dauerpräsentation im Obergeschoss des Erwin-Piscator-Hauses informieren. Überhaupt lohnt sich ein Besuch einer der regelmäßig stattfindenden Abendveranstaltungen in dem Gebäude, das mit seinen drei Etagen, der Dachterrasse und dem angrenzenden Bühnenhaus gerade abends, wenn die Beleuchtung angeht, schwer was hermacht. Insgesamt 18 Angestellte kümmern sich darum, dass der Laden ganzjährig reibungslos läuft. Hinzu kommt das Engagement auf der Schlossparkbühne. Piscator, einer der bedeutendsten Theatermänner überhaupt, hätte daran seine wahre Freude.

Adresse Biegenstraße 15, 35037 Marburg | **ÖPNV** Busse 3, 5, 6, 7, 27, 383, Haltestelle Erwin-Piscator-Haus | **Öffnungszeiten** Mo–Fr 9–18 Uhr und bei Veranstaltungen, Infos unter www.marburg.de | **Tipp** Seit 1977 belebt das KFZ – damals aus einer politisch aktiven Bewegung entstanden – das Kulturleben Marburgs. Zunächst in der Schulstraße zu Hause, zog das soziokulturelle Zentrum im Jahr 2016 in das Souterrain der neu gestalteten Stadthalle um. Kauft man die Karten direkt im KFZ-Büro, entfällt die Vorverkaufsgebühr (www.kfz-marburg.de).

27_Das Fachwerkwunder

Holz vor der Hütte

Mit dem Befehl, das Fällen von Bäumen einzuschränken, veränderte Landgraf Philipp (1504–1567) die Bauweise einer ganzen Region. Da man für den damals üblichen Ständerbau, bei dem sich ein Holzstamm vom Fußboden bis zum Dach durchzog, lange, schmale Bäume benötigte, musste man nun aus Mangel an langen Hölzern auf den sogenannten Rähmbau zurückgreifen. Dabei wurde jedes Stockwerk einzeln errichtet und übereinandergesetzt. Die Gefache, wie man die Zwischenräume zwischen den Balken nennt, wurden dann mit Holzspänen oder Lehm ausgefüllt.

Eine besonders spannende Zusammenstellung verschiedener Fachwerk-Bauweisen weist das Haus an der Schlosstreppe 1 auf, in dessen Erdgeschoss sich seit 35 Jahren eine Weinstube befindet. Betrachtet man das Gebäude von der Seite – vom Willy-Sage-Platz – aus, versteht man sofort, was gemeint ist: Das rechte, ältere Gebäude weist sieben schwarz gestrichene Balken auf, die sich durch das gesamte Bauwerk ziehen und durch schräg verlaufende Balken, die sogenannten Schwertungen, stabilisiert werden. Das Holz, das ist belegt, wurde »1418 geschlagen und saftfrisch« verbaut. Das linke Haus dagegen – bei der Sanierung wurden die Balken rot gestrichen – wurde in Rähmbauweise errichtet und ist somit offenbar jüngeren Datums. Der Keller scheint noch älter zu sein und zu einem größeren Objekt zu gehören.

Dass man über den unteren beiden Etagen eine doppelstöckige Halle errichten ließ, eine Kellereinfahrt vom Markt her anlegte und ein hervorstehendes Giebelgeschoss anbrachte, an das man einen Flaschenzug montieren konnte, lässt auf eine ehemalige Kaufmannsniederlassung schließen. Im Laufe der Jahrhunderte nutzten Kaufleute, darunter ein Samenhändler, ein Uhrmacher und ein Buchdrucker, die unteren Stockwerke. Im Jahr 1926 kam das Haus in den Besitz der Stadt Marburg, die es zwischen 1975 und 1980 aufwendig entkernen und sanieren ließ. Einzigartig!

Adresse Schlosstreppe 1, 35037 Marburg | ÖPNV Bus 10, Haltestelle Schloss | Tipp Am Ende der Mainzer Gasse findet man noch Reste des ehemaligen Nordtors, das zur Stadtmauer gehörte.

28 Das Fernheizwerk

Industriedenkmal mit Charme

Bei gutem Wetter kann man den 100 Meter hohen Schornstein des Uni-Fernheizwerks sogar in Amöneburg erkennen. Und auch für die Piloten der Rettungshubschrauber, die die Klinik auf den Lahnbergen ansteuern, ist die zwischen 1968 und 1972 errichtete Anlage ein wichtiger Orientierungspunkt. Darüber hinaus schien das bis 2011 genutzte Fernheizwerk jedoch zunächst einmal ausgedient zu haben, seit man sich entschieden hatte, die Heizkessel nicht mehr mit Kohle zu befeuern. Zunächst rosteten die drei Stahlrohre im Innern vor sich hin. Zwar wurde bereits vor Jahren ein Abrissantrag gestellt, doch stattdessen stellte das Wissenschaftsministerium das Bauwerk wegen seines Charmes unter Denkmalschutz.

Nachdem man die größte Energieschleuder, das nicht gedämmte Chemie-Gebäude, 2014 durch einen Neubau mit der umfangreichsten Solaranlage Mittelhessens ersetzt hatte, nahm die Marburger Philipps-Universität weiterhin die Herausforderung an, ihren CO_2-Verbrauch stark zu reduzieren. So entschied man sich im Sommer 2020, das alte Heizwerk auf dem Campus Lahnberge durch ein Hackschnitzel-Heizwerk zu erweitern. Dabei werden Holzschnitzel in einem Brennofen bei rund 850 Grad Celsius verbrannt, und Wärme wird erzeugt. So werden nun zwei Drittel der Wärme auf den Lahnbergen aus diesem natürlichen Rohstoff – meist Holzabfällen aus regionaler Landwirtschaft – gewonnen, mit einer Ersparnis von 9.600 Tonnen CO_2 im Jahr.

Das alte Industriedenkmal mitten im Wald mit seinem Kesselhaus, dem Kohlelager mit Schrägbrücke, dem massiven Schornstein und dem Wasserbehälter hat nun also den Stab an eine neue Heizwerk-Generation in unmittelbarer Nähe abgegeben. Bei der Mobilität ist die Universität ohnehin schon vergleichsweise vorbildlich: Nur sieben bis neun Prozent der Studierenden fahren mit dem Auto zur Uni. Alle anderen sind mit dem Bus, dem Rad oder zu Fuß unterwegs.

Adresse Auf den Lahnbergen, 35043 Marburg | ÖPNV Busse 2, 11, 27, 75, Haltestelle Universitätsklinikum, von dort circa 15 Minuten zu Fuß | Anfahrt über die Panoramastraße auf die Lahnberge, dann rechts in den Ginseldorfer Weg, nach drei Kilometern rechts auf den Waldweg | Tipp Der Ortsteil Cölbe grenzt nicht nur an die bewaldeten Lahnberge, sondern auch an den Burgwald. Von dort aus kann man zahlreiche Wandertouren unternehmen.

29 Die Fledermausstation

Luxusquartiere am Schloss

Im Marburger Schloss befindet sich das größte bekannte Winterquartier der Zwergfledermaus in ganz Deutschland. Das kleine Wesen mit dem wissenschaftlichen Namen Pipistrellus pipistrellus hat eine Körperlänge von höchstens fünf Zentimetern und eine Flügelspannweite zwischen 18 und 24 Zentimetern. Das Tierchen könnte zusammengekauert in einer Streichholzschachtel Platz finden, dürfte es nicht seit Jahrhunderten kostenfrei im Schloss residieren – ideale Balzplätze und Jagdrevier inklusive.

Unzählige Tiere kommen jeden Winter nach Marburg, um im Kellergewölbe des Schlosses zu überwintern. Im Sommer sollen es bis zu 30.000 Fledermäuse sein, die durch die Oberstadt cruisen, um ihren Jungtieren das Winterquartier vorab schon mal schmackhaft zu machen. Nicht selten verirren sich die neugierigen Tiere bei geöffneten Fenstern in diverse Wohnzimmer, sehr zur Überraschung der Marburger Bürger. Ihr eigentliches Ziel, der Felsenkeller unter dem Schloss, ist 20 Meter lang, zwölf Meter breit und sechs Meter hoch. Die dicken Sandsteinwände, teilweise aus dem 13. Jahrhundert, bieten mit ihren vielen Nischen optimale Verstecke, zumal der ehemalige Lagerraum frostfrei bleibt und kontinuierliche fünf Grad Celsius aufzeigt. Da sich Fledermäuse mit Hilfe von Ultraschallrufen verständigen, die für menschliche Ohren nicht wahrnehmbar sind, gibt es nun vor Ort einen Fledermaus-Detektor, der die Geräusche in hörbare Laute umwandelt. Betätigt man die obere Taste, werden die Rufe von drei der hier lebenden Fledermausarten abgespielt: der Zwergfledermaus, der Breitflügelfledermaus und des Großen Abendseglers.

Übrigens gibt es im gesamten Stadtgebiet Hinweistafeln zum Vorkommen der Tiere: am Eingang des »Eiskellers« am Cappeler Berg genauso wie am Tannhäuser Stollen in der Nähe der Waggonhalle. Das Marburger Schloss gilt – laut NABU – als das »500. Fledermausfreundliche Haus« in Hessen.

Adresse Landgrafenschloss, 35037 Marburg | ÖPNV Bus 10, Haltestelle Schloss | Öffnungszeiten jeden letzten Sa im Mai, Juni, Juli und Aug. oder nach Vereinbarung unter Tel. 06421/2011708 oder per E-Mail an naturschutz@marburg-stadt.de | Tipp In den alten Bunkeranlagen am Marburger Rücken in der Nähe des Naturfreundehauses am Ortsausgang der Marbach leben übrigens ebenfalls viele verschiedene Fledermausarten.

30_Der Forsthof

Romantik am Hang

Zwischen dem Konrad-Biesalski-Haus und der Ritterstraße erstreckt sich das Gelände des historischen Forsthofs, eines geräumigen Herrenhauses mit kleineren Gebäuden und einem großen Garten, das an die ehemalige Stadtmauer grenzte. Einst als Rodenhof bezeichnet, wurde das Anwesen im Jahr 1801 an den Professor der Jurisprudenz Philipp Weis verkauft, der seinen früheren Schüler Friedrich Carl von Savigny dort wohnen ließ. Von Savigny, der Begründer der historischen Rechtsschule in Deutschland und einige Jahre Professor in Marburg, lockte viele Intellektuelle in die Stadt an der Lahn und machte aus dem Forsthof bis zu seinem Weggang im Jahr 1808 eine Art Wohn- und Begegnungsstätte für Zeitgenossen, die sich mit romantischer Dichtung befassten oder selbst schrieben.

Neben Karoline von Günderrode, Friedrich Creuzer oder Clemens Brentano lebte von 1800 bis 1806 auch dessen Schwester Bettina im Forsthof. Von Savignys Schwägerin – er war mit ihrer Schwester Kunigunde verheiratet – galt als wortgewandte und unterhaltsame Gesprächspartnerin. Zum Schreiben zog sie sich in den 1230 erbauten ehemaligen Wachturm im Garten zurück, den man ihr zu Ehren »Bettina-Turm« nennt. Hier in Marburg bändelte sie mit dem Schriftsteller Achim von Arnim an, den sie viele Jahre später – im Jahr 1811 – heiraten sollte, nachdem sie sich zunächst Johann Wolfgang von Goethe verbunden gefühlt hatte.

Von Savigny wurde nach seiner Zeit in Marburg in Berlin zum Minister ernannt. Um den Forsthof wurde es nach seinem Fortgang ruhig. Immer wieder wechselte das Anwesen den Besitzer, darunter Professoren, ein Landbaumeister mit seiner Familie und die Pfarrersfamilie Schick, die hier bis 1913 ein Mädchenpensionat führte. Heute befindet sich hier ein Studierendenwohnheim. Der Garten, in dem Brentano und Co. promenierten und die Seele baumeln ließen, ist immer noch frei zugänglich.

Adresse Ritterstraße 16, 35037 Marburg | ÖPNV Bus 10, Haltestelle Sybelstraße oder Am Plan | Öffnungszeiten Außengelände frei zugänglich | Tipp Das 1235 errichtete Kalbstor, das ebenfalls Teil der Stadtmauer war, geht auf die Familie des Ritters von Kalb zurück, die für die Bewachung der Stadt zuständig war.

31 Der Freundschaftsbrunnen

Huldigung eines Gefühls

Echte Freundschaft ist etwas sehr Wertvolles. Und gerade wenn man sich schon in jungen Jahren kennenlernt – beispielsweise während des Studiums –, wird man die vielen gemeinsamen Erlebnisse wohl nie vergessen. Dieses Freundschaftspathos schien der Künstler Knud Knudsen (1916–1998) im Sinn gehabt zu haben, als er den sogenannten Freundschaftsbrunnen aus Bronze schuf, der 1977 am Lahntor unterhalb der Alten Universität errichtet wurde. Die mit 2,40 Metern überlebensgroß dargestellten Männer laufen gemeinsam ein Stück des Weges – der eine hat ein Buch in der Hand, der andere schwadroniert. Ihre Gesichter sind kaum voneinander zu unterscheiden, so als ginge es hier weniger um die individuelle Freundschaft, sondern vielmehr um eine allgemeine Darstellung von Kameradschaft unter Männern. Diese wird hier – im wahrsten Sinne des Wortes – auf einen Sockel gehoben.

Kein Wunder, dass die Idee zu dieser Skulptur von den Altherrenverbänden der Marburger Korporationen stammte. Anlässlich des 450-jährigen Jubiläums der Universität in Auftrag gegeben, sammelte Professor Wolfgang Schweckendiek – HNO-Arzt und Honorarprofessor an der Universität Marburg und Fan »alter Burschenherrlichkeit« – dafür 80.000 Mark in einer Spendenaktion. Die Stadt übernahm, wie oft üblich, Sockel, Wasseranlage, Aufstellung und Wartung.

Dass der Brunnen trotz seiner enormen Höhe unscheinbar wirkt, mag an der eher lieblos vor sich hin plätschernden Pumpanlage liegen, die man in den Sockel verbaut hat, oder auch daran, dass rund um das graue Gebilde schöne Fachwerkbauten das Auge des Betrachters ablenken. Farbe kommt höchstens mal unfreiwillig ins Spiel: Die Skulptur wird nämlich alle paar Jahre Opfer von Farbbeutel-Attacken und muss dann wieder aufwendig gereinigt werden. Offenbar sind nicht alle Marburger mit Knudsens Freundschaftsbegriff einverstanden.

Adresse Lahntor, 35037 Marburg | ÖPNV Busse 1, 3, 4, 5, 6, 7, 10, 27, 383, Haltestelle Rudolphsplatz | Tipp Im sogenannten Fronhof an der Ecke Am Grün/Universitätsstraße befand sich Mitte der 1930er Jahre die Dienststelle des SA-Nachrichtensturms der SA-Brigade 48. Heute ist es ein Geschäfts- und Wohnhaus.

32 Das frühere Arbeitshaus

»Wohnstatt für liederliche Menschen«

Am 11. August 1817 wurde ein zehnjähriges Mädchen in der Oberstadt beim Betteln aufgegriffen. Sie sei von ihren Eltern im Stich gelassen worden, erzählte sie dem damaligen Oberschultheiß Prof. Creuzer, der sie in das Arbeitshaus in der Mainzer Gasse 31 (heute 32–34) einwies. Dort bekam das Kind drei Mahlzeiten am Tag und einen Platz in der »Öffentlichen Industrieschule«.

In der am 1. Januar 1811 feierlich eröffneten Einrichtung fanden in der ersten Hälfte des 19. Jahrhunderts zeitweilig bis zu 80 Personen Unterkunft, Ausbildung und Arbeit, die meisten übrigens – aus ihrer Not heraus – freiwillig. Der Schwerpunkt der harten Arbeit, die man den Insassen abverlangte, lag auf dem Spinnen und der Weiterverarbeitung von Wolle und Flachs. Wirtschaftlich wichtig war auch die tägliche Produktion von großen Mengen Rumfordsuppe, die aus nahrhaften Graupen bestand und unter anderem in die Gefängnisse geliefert wurde. Als diese Aufgabe und die daraus resultierenden Einnahmen später wegfielen und im Obergeschoss stattdessen eine Wanderarbeitsstätte eröffnete, befand sich die Einrichtung schnell in einem »Zustande der Verwahrlosung, welcher jeder Beschreibung spottet«.

Im Jahr 1908 galt das einst herrschaftliche Gebäude mit seinen fein stilisierten Stuckdecken, dem massiven Eichengeländer im Treppenhaus und den geräumigen Sälen laut einem Bericht als nicht mehr »bewohnungsfähig«. Dennoch wurden in den folgenden Jahrzehnten weiterhin Obdachlose auf der Durchreise und zeitweise Flüchtlinge untergebracht – teilweise sogar in einem nicht mehr benötigten und umgebauten Pferdestall.

Erst als das Anwesen im Jahr 1977 in Privatbesitz überging, wurde es aufwendig restauriert und wegen seiner künstlerischen, geschichtlichen und städtebaulichen Bedeutung in das vom Hessischen Landesamt für Denkmalpflege geführte Denkmalbuch eingetragen.

Adresse Mainzergasse 32–34, 35037 Marburg | ÖPNV Bus 10, Haltestelle Markt | Öffnungszeiten Privatbesitz, am Tag des offenen Denkmals und nach vorheriger Absprache auch von innen zu besichtigen, Kontakt über www.oesterle-architekten.de | Tipp Die Alte Synagoge am nahen Willy-Sage-Platz stammt aus dem 13. Jahrhundert und wurde zufällig bei Bauarbeiten entdeckt. Erst 2000/2001 wurde sie mit einem Glaskubus versehen und der Öffentlichkeit zugänglich gemacht.

33 Das Fukushima-Denkmal

In Gedenken an die Welle

Als am 11. März 2011 um 14.46 Uhr die Unfallserie am Reaktor des Kernkraftwerks im japanischen Fukushima Daiichi als Folge des Tōhoku-Erdbebens ihren Lauf nahm, war schnell klar, dass eine Nuklearkatastrophe ungeahnten Ausmaßes viele Menschen das Leben kosten würde. Vier von sechs Reaktorblöcken wurden zerstört, ein Tsunami fegte über die Region hinweg – mehr als 22.000 Menschen starben, viele wurden verletzt oder sind bis heute verschollen.

Dass die Stadt Marburg zwei Jahre nach der Katastrophe auf der Grünfläche am Pfaffenwehr zwischen Deutschhaus- und Uferstraße ein Denkmal für diese Opfer errichtete, geht auf die private Initiative des Vereins Alles im Biegen e. V. zurück. Zur Eröffnung der von Landschaftsarchitekt Matthias Burghammer entworfenen Gedenkstätte am 5. Jahrestag kamen nicht nur der damalige Oberbürgermeister Egon Vaupel und der damalige Bürgermeister Franz Kahle, sondern auch der japanische Vizekonsul für Kultur, Politik und Öffentlichkeitsarbeit, Taketsugu Ishihara, der sich zuvor ins Goldene Buch der Stadt eingetragen hatte. Seither finden an der mit einer LED-Lichtwelle geschmückten und in ein grünes Ambiente eingebundenen Gabionenmauer zum Jahrestag der Katastrophe Gedenkveranstaltungen statt. Dann versammeln sich an der kleinen Grünanlage zahlreiche Menschen, um an die Opfer zu erinnern. Nie wieder, so die Botschaft, dürfe sich ein solches Unglück ereignen. Auf der von der Marburgerin Yasuko Tsuruki entworfenen Gedenktafel ist deshalb auf Deutsch und Japanisch folgende Botschaft zu lesen: »Jede Welle verändert den Strand, manche Welle verändert die Welt.«

Mit der Aktion, dass sich dank zahlreicher Spenden Kinder aus der Katastrophenregion im Landkreis Marburg-Biedenkopf für zwei Wochen erholen durften, wurde ein weiteres starkes Zeichen der Verbundenheit gesetzt – zuhause hätten die Kleinen wegen der hohen Strahlung nicht mehr vor die Tür gedurft.

Adresse Alter Botanischer Garten, Deutschhausstraße, 35037 Marburg | ÖPNV Busse 3, 5, 6, 7, 27, 383, Haltestelle Volkshochschule | Tipp Die Philipps-Universität pflegt gute Verbindungen zu zehn japanischen Partneruniversitäten. Das Kursangebot im Sprachenzentrum steht allen Studierenden und Mitarbeitenden der Universität offen.

34 Die Fünf Säulen des Islam

Lichtinstallation vor der Moschee

In islamisch geprägten Ländern sind Kunstwerke im Umfeld von Moscheen keine Seltenheit, wenngleich alles von Menschen Erschaffene auf den Schöpfer verweise. Als sich der Marburger Förderverein der neuen Moschee Gedanken um die Gestaltung des Areals machte, beauftragte man für den Vorplatz die Architektin Florence Girod und den Bühnenbildner Peter Scior, um in engem Dialog mit dem Runden Tisch der Religionen ein sichtbares Zeichen für Offenheit und Leichtigkeit, aber auch Spiritualität in alter Tradition zu schaffen.

Heute leben rund 4.000 Muslime in der Stadt an der Lahn. Nachdem man sich seit den 50er Jahren nur in Privaträumen und später in einem Raum der Universität zum Freitagsgebet hatte treffen können, wurden die Pläne für einen Neubau der Moschee mit einem repräsentativ gestalteten Vorplatz in die Tat umgesetzt. Heute weist das Kunstwerk »5 Säulen«, das im Sommer 2018 von Design Manager Peter Schneyer realisiert wurde, mit 40 Stelen aus Polycarbonat in Blau, Grün, Rot, Gelb und vielen weiteren Farbnuancen – regelbar je nach Feiertag und Anlass – an der Straße St. Jost schon von Weitem den Weg dorthin.

Fünf Säulen, die für das öffentliche Glaubensbekenntnis, das rituelle Gebet, die soziale Pflichtabgabe, das Fasten während des Ramadans und die Wallfahrt nach Mekka stehen. Von seiner symbolischen Bedeutung abgesehen soll das Kunstwerk auch einladend wirken, denn in dem 2020 eröffneten Marburger Kultur- und Bildungszentrum mit Moschee ist eine Menge Platz. Neben den Freitagsgebeten, an denen nur die Gläubigen teilnehmen dürfen, gibt es deshalb auch zahlreiche Veranstaltungen, die allen interessierten Bürgern offenstehen. In Zukunft möchte man im interkulturellen Dialog mit im wahrsten Sinne des Wortes – leuchtendem Beispiel vorangehen. Interreligiöse Jugendgruppen kümmern sich seit 2022 um die Gestaltung des Gartens rund um die neue Moschee.

Adresse Islamische Gemeinde e. V., Bei St. Jost 17, 35039 Marburg, www.ig-marburg.de | ÖPNV Bus 6, Haltestelle Erlenring | Anfahrt kostenpflichtige Parkplätze im nahen Erlenring-Center | Tipp Zum Ende des Fastenmonats Ramadan gibt es jedes Jahr in einem eigens dafür errichteten Zelt am nahen Elisabeth-Blochmann-Platz Infostände, Kalligrafie-Kurse, kulinarische Angebote und ein vielfältiges Kinderprogramm. Ein schönes Fest, zu dem sich Hunderte Bürger einfinden, um Gemeinsamkeit zu demonstrieren.

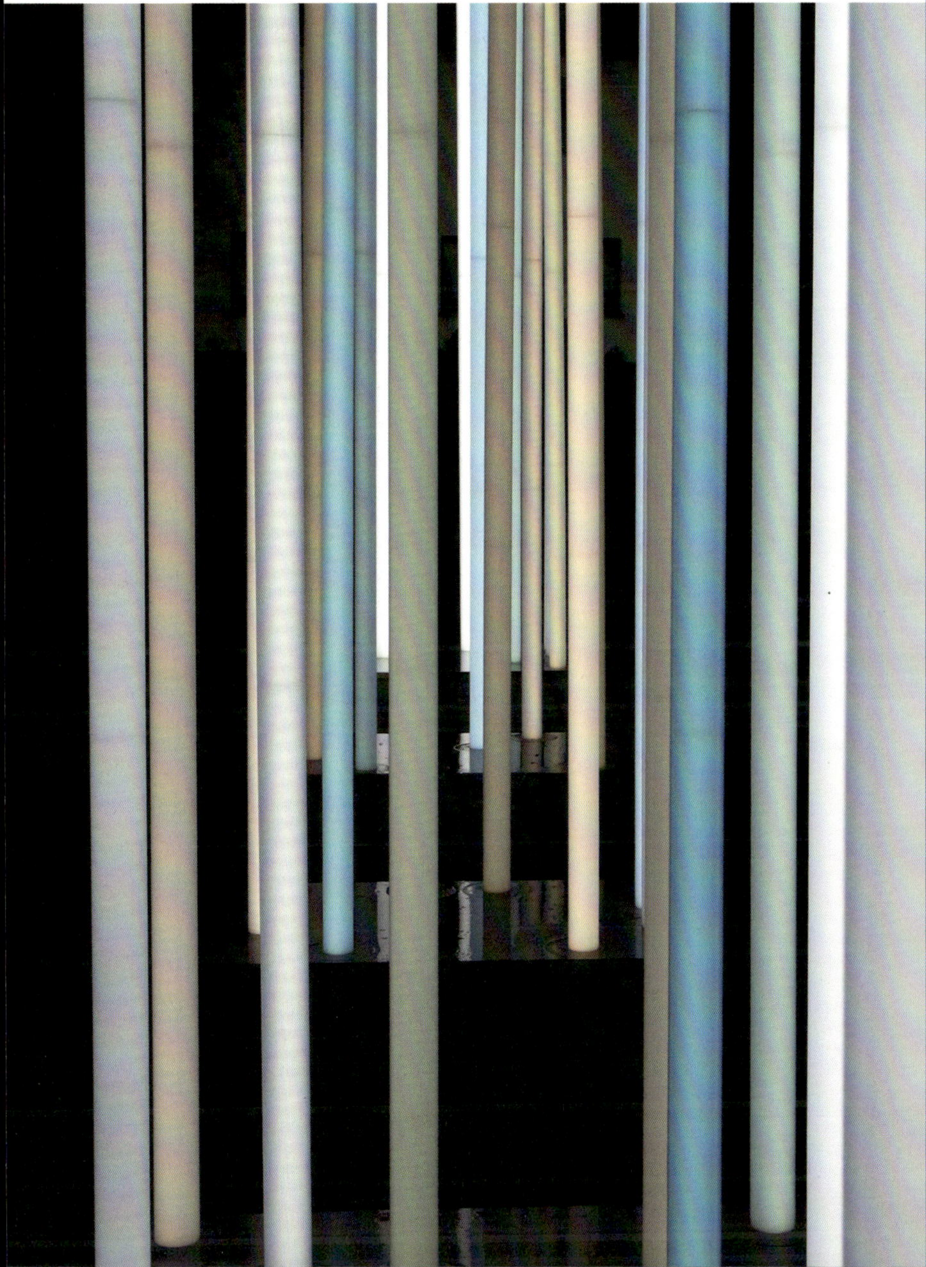

35 Der Garten des Gedenkens

Rosen für die Toten

Schlendert man die Universitätsstraße entlang, stößt man plötzlich auf einen weitläufigen Platz, offenbar eine Baulücke. Erst beim Betreten des Geländes bemerkt man, dass man es hier mit einer Gedenkstätte zu tun hat. An genau dieser Stelle befand sich nämlich die Marburger Synagoge – zerstört in der Reichskristallnacht vom 9. auf den 10. November 1938 durch Schlägertrupps der SA. Wie das 1897 erbaute Gotteshaus einmal ausgesehen hat, kann man auf einem Foto sehen, das auf den Glasscheiben der benachbarten Bushaltestelle angebracht wurde. Auch ein Bronzemodell für Blinde und Sehende zeigt, wie prächtig die Synagoge einst war.

Wie überall im Land erging auch in Marburg am Morgen des 9. November 1938 der Befehl, die Synagoge in Brand zu setzen. Nach einer Gedenkfeier zum Hitlerputsch versammelte sich der SA-Reservesturm III im Fronhof, um den Auftrag nach Mitternacht in die Tat umzusetzen. Obwohl das Gebäude bereits um 4 Uhr lichterloh brannte, kam die Feuerwehr erst gegen 6 Uhr – zu spät.

Nach dem Zweiten Weltkrieg lag das Gelände brach, von einem Gedenkstein abgesehen, der auf Betreiben von Studierenden aufgestellt worden war. Als es 2002 an die jüdische Gemeinde zurückging, schrieb diese gemeinsam mit der Stadt Marburg einen künstlerischen Wettbewerb aus: Hier sollten eine Gedenkstätte und ein lebendiger Treffpunkt gleichermaßen entstehen. Das Büro scape Landschaftsarchitekten gestaltete in Kooperation mit Oliver Gather und Christian Ahlborn die Freifläche, deren Rasen den Versammlungsraum der Synagoge nachzeichnet und durch ein Glasfenster die 2008 ausgegrabene Mikwe – das Tauchbad – sichtbar macht. Im antiken Jerusalem durfte die Rose als einzige Blume innerhalb der Stadtmauern gepflanzt werden, – deshalb wohl der beeindruckende Rosengarten vor Ort.

Adresse Universitätsstraße 13, 35037 Marburg | ÖPNV Busse 1, 3, 4, 5, 6, 7, 10, 27, 383, Haltestelle Rudolphsplatz | Öffnungszeiten Gelände jederzeit zugänglich | Tipp Im Jahr 2017 wurde 700 Jahre Judentum in Marburg gefeiert. 2005 wurde eine neue Synagoge in der Liebigstraße eingeweiht, fünf Jahre später konnte eine Thorarolle vollendet und in die Synagoge gebracht werden.

36 Das Geburtshaus von Dietrich Weintraut

Lohgerbermeister und Dichter

In dem Haus in der Weidenhäuser Straße 70 wurde am 27. August 1798 der spätere Heimatdichter Dietrich Weintraut geboren. Eine Plakette an der Fassade erinnert noch an den Mann, dessen Schicksal als Spross einer über Generationen bestehenden Lohgerberfamilie vorbestimmt war: Nach dem frühen Tod des Vaters übernahm er »höchst ungern« den Betrieb des unverheirateten Onkels. Dieser erstreckte sich hinter dem Haus, das damals an einem Bach lag. Der gelernte Handwerker, der eigentlich lieber Gedichte in Mundart schrieb und mit der Laute durch die Wälder streifte, hatte nur wenig schulische Ausbildung vorzuweisen. Dennoch schuf er ein enormes Werk an Gedichten und Lustspielen, Reden und gereimten Glückwünschen und korrespondierte mit berühmten Schriftstellern wie Elisabeth Menzel oder Ernst Moritz Arndt.

»Das düstre Stübchen in dem Erdgeschoß, wo manche frohe Stunde mir verfloß – dies stille Stübchen, niedrig und klein, schloß einst mein Liebstes auf der Erde ein …«

Als Vater von fünf Kindern konnte der »hessische Hans Sachs«, wie man ihn später nannte, die Gerberei bereits mit 45 Jahren an seine Söhne übergeben, um sich endlich ganz der Dichtkunst zu widmen. Zudem wirkte er unter anderem als Vorsteher eines Marburger Altersheims. Seine soziale Ader zeigte sich darin, dass er den Erlös seines berühmtesten Werks »Erinnerung an Marburg und seine Umgebungen« der Suppenanstalt der Siechenhäuser der Stadt zugutekommen ließ.

Bis zu seinem Tod im Jahr 1870 lebte Dietrich Weintraut in dem Haus, dessen Balkenwerk noch das Baujahr 1604 ausweist. Mit Blick auf die Weidenhäuser Straße dichtete er über all das, was seiner scharfen Beobachtungsgabe nicht entging. Die Gerberei gibt es längst nicht mehr – seine Gedichte aber haben überlebt.

Adresse Weidenhäuser Straße 70, 35037 Marburg | ÖPNV Busse 6, 9, 20, Haltestelle Erlenring | Tipp Die nach dem Dichter benannte »Weintrautseiche« in der Nähe des Bismarckturms, unter der er häufig gesessen und seine Weisen gesungen haben soll, ist einen schönen Spaziergang mit Blick auf die Stadt wert. Man kann den Weg am Aquamar starten.

37 Die Gedenkbänder

Von Marburg ins Lager

Fast unbemerkt von der reisenden Öffentlichkeit erinnern am Aufgang der Gleise 5 und 8 des Marburger Hauptbahnhofs metallene Gedenkbänder auf den Handläufen an die Opfer des Nationalsozialismus und speziell an diejenigen Menschen, die bei den vier Marburger Deportationen zwischen 1941 und 1943 von hier aus in die Vernichtungslager und Gettos verschleppt wurden. Hinter den 2015 am bundesweiten Holocaust-Gedenktag, dem 27. Januar, installierten Bändern steckt die Idee, dass alle Reisenden gemeinsam ein Stück des Weges gehen.

Die Erinnerungsaktion geht auf eine Initiative der Marburger Geschichtswerkstatt, der Jüdischen Gemeinde Marburg, des Landesverbands Hessen, des Verbandes Deutscher Sinti und Roma sowie des Fachdiensts Kultur der Stadt Marburg zurück, die sich mit Vertretern der Deutschen Bahn AG intensiv mit der Aufarbeitung der neueren Marburger Geschichte befasst haben. Insgesamt 349 Menschen mussten, soviel man weiß, von hier aus den Weg nach Riga, Sobibor, Auschwitz oder Theresienstadt antreten. Für viele von ihnen war es eine Reise in den Tod. Dass man an die Opfer erinnern möchte, wurde bereits 2010 durch die Stadtverordneten beschlossen, als der Bahnhof großzügig umgebaut wurde. Die Verwirklichung dauerte dann schließlich fünf weitere Jahre.

Nicht nur die Namen, sondern auch das Alter der deportierten Sintize und Sinti, Jüdinnen und Juden aus Marburg und dem ganzen Landkreis sind auf den Gedenkbändern verewigt, weitere Informationen erhält man über einen QR-Code. Schlicht, aber eindringlicher, als jede Gedenktafel es vermag, wird so an ein Stück Geschichte erinnert, das im Nachkriegsdeutschland zunächst totgeschwiegen wurde.

Der bundesweite Holocaust-Gedenktag findet seit 1996 statt, um an die Befreiung der beiden Lager Auschwitz-Birkenau und Auschwitz durch die Rote Armee der Sowjetunion zu erinnern.

Adresse Bahnhofstraße 33, 35037 Marburg | **ÖPNV** alle Bahnen und nahezu alle Busse, Haltestelle Hauptbahnhof | **Tipp** Die älteste Nachricht über eine Synagoge in Roth stammt aus dem Jahr 1773. In der noch heute intakten und sanierten Synagoge finden regelmäßig Veranstaltungen statt (www.landsynagoge-roth.de).

38 Die Gedenkplakette

Der Vater des Dampfkochtopfs

Wird Wasser über den Siedepunkt hinaus erhitzt, nimmt es einen gasförmigen Zustand an – fertig ist der Wasserdampf. Für den Physiker und Mathematiker Denis Papin (1647–1712) übte dieses Phänomen von jeher eine große Faszination aus. Er experimentierte so lange, bis er als Erfinder des Schnellkochtopfs in die Geschichte einging. Nach dem Studium in Angers und Paris musste der Calvinist letztlich sein Heimatland Frankreich verlassen und nahm – nach Stationen in Venedig und London – im Jahr 1687 den Ruf nach Marburg als Professor am Lehrstuhl für Mathematik an. Bei der Mühltreppe, unterhalb der Alten Universität, wurde ihm zu Ehren eine Plakette angebracht. Hier war er Kirchenältester der französischen Gemeinde der Hugenotten, legte sich jedoch wegen der Sitzordnung mit dem Prediger an und wurde schließlich seines Ältestenamts enthoben und vom Abendmahl ausgeschlossen.

Papin muss nicht nur schlau, sondern auch mutig gewesen sein: Nicht selten testete er seine Erfindungen zunächst selbst. Einmal explodierte – vor den Augen der Royal Society in London – einer seiner ersten Dampfkochtöpfe. Zum Glück wurde dabei niemand verletzt. Auch die Dampfkanonen, an denen er forschte, sollen regelmäßig unkontrolliert in die Luft gegangen sein. Als die Vorführung von Papins erster Hochdruckdampfpumpe missglückte, mit der er die Wasserspiele im Kasseler Schlosspark im Auftrag seines Mäzens, des Landgrafen Karl, zum Laufen hätte bringen sollen, waren seine Tage in Hessen gezählt. Mit dem Prototyp eines Schaufelraddampfers machte er sich im September 1707 auf den Weg zurück nach London. Doch selbst da hatte er Pech: Das Boot wurde unterwegs aufgehalten und, während er noch mit den Behörden verhandelte, komplett zerstört. Denis Papin kehrte aufgrund dieser Sabotage als gebrochener Mann nach London zurück, wo er wenige Jahre später – angeblich einsam und verarmt – verstarb.

Adresse Alte Universität (östliche Mauer), Lahntor 3, 35037 Marburg | ÖPNV Busse 1, 3, 4, 5, 6, 7, 10, 27, 383, Haltestelle Rudolphsplatz | Tipp Eine weitere Gedenkplakette findet sich übrigens auch am ehemaligen Wohnhaus von Denis Papin, Am Markt 15, wo er von 1887 bis 1895 lebte.

39 Das Gedenksymbol

Erinnerung an die Opfer der Hexenverfolgung

Der Kirchhof der Lutherischen Pfarrkirche bietet einen schönen Blick über die Stadt und gilt vielen Touristen als perfekter Fotostopp. Weniger bekannt ist, dass die evangelische Kirche mit dem charakteristisch schiefen Turm genau unterhalb des Weges vom Rathaus zum Hexenturm liegt, den jahrhundertelang alle der Hexerei Angeklagten gehen mussten, um vor dem Peinlichen Halsgericht auszusagen (siehe Ort 43). Insgesamt 24 Opfer aus Oberhessen, die zwischen 1517 und 1712 der Hexerei beschuldigt und getötet wurden, sind namentlich bekannt. Allein für Marburg gibt es mehr als 100 Akten und Protokolle von Prozessen, Verurteilungen und Befragungen. Oft reichte schon die Beschuldigung eines gehässigen Nachbarn als Grund aus, um angeklagt und als Hexe zum Tode verurteilt zu werden.

Ein guter Ort also für ein Kunstwerk, das nun endlich an die unschuldig Verstorbenen erinnern soll. Spätestens als die Stadt Marburg alle Bürger und Institutionen zur Mitarbeit am Themenjahr »Hexenglaube und Verfolgung« einlud, das schließlich 2020/2021 mit viel Druckwerk, Ausstellungen, Rundgängen und einem Symposium begangen wurde, war allen Beteiligten klar, dass man die Opfer dieses dunklen Kapitels der Stadtgeschichte nie wieder der Vergessenheit anheimgeben dürfe.

So entschied sich die Künstlerin Antje Dathe, ihre Namen auf dem weißen Sockel zu verewigen, der für die Unschuld stehen soll. Auf einer zweiten Ebene des Kunstwerks entdeckt man Begriffe, die aufzeigen, aus welchen Gründen man in vergangenen Zeiten der Hexerei beschuldigt wurde. »Unschuld – Schuld« heißt die Installation, die erst 2022 eingeweiht wurde. Neben dem von der Stadt beauftragten Kunstwerk auf kirchlichem Grund kann man sich auf einer Bank niederlassen – den Blick auf den in der Ferne liegenden Rabenstein gerichtet, wo die meisten dieser Opfer den grausamen Tod fanden. Unvergessen – bis heute!

Adresse Lutherischer Kirchhof 1, 35037 Marburg | **ÖPNV** Bus 10, Haltestelle Sybelstraße oder Am Plan | **Tipp** In der Kappesgasse 1 im Stadtteil Weidenhausen befand sich jahrhundertelang das Wohnhaus des städtischen Henkers. Das Haus Nummer 6 – schön saniert – wurde 2021 als »Denkmal des Monats« ausgezeichnet.

40 Die Gemme

Objekt der Begierde

Der weltberühmte, zwischen 1235 und 1249 fertiggestellte Elisabethschrein ist seit jeher nicht nur für Wallfahrer und Touristen ein begehrtes Ziel, sondern leider auch für Diebe und Kunsträuber. Immer wenn der ursprünglich mit etwa drei Dutzend Gemmen verzierte Schrein aus der Sakristei der Elisabethkirche überführt wurde, ging etwas Wertvolles verloren: zunächst bei der Übersiedlung in die Wasserfestung Ziegenhain (1546–1548) und schließlich auf der Reise nach Kassel (1810), die auf Wunsch von Jérôme Bonaparte erfolgte. Johann Christoph Ullmann, ein Marburger Professor für Mineralogie, hatte zuvor noch Siegellack-Abdrücke der Gemmenreliefs genommen, und so wusste man, dass später 117 Edelsteine vom Schrein sowie das Kruzifix vom Nordgiebel fehlten.

Nachdem es bereits 1919 einen Einbruch gegeben hatte, wurde der Schrein ein Jahr später erneut beschädigt, als drei Diebe durch ein Fenster im nördlichen Seitenschiff in die Elisabethkirche eindrangen und 193 wertvolle Steine und Perlen erbeuteten. Die Gauner waren zwar schnell gefunden und ein Großteil der Beute sichergestellt, dennoch sollte der Schrein bis 1931 in desolatem Zustand bleiben. Als das 700-jährige Jubiläum des Todestages der heiligen Elisabeth nahte, sollte sich im Rahmen der Kirchenrenovierung der Goldschmied Karl Borromäus Berthold endlich an die aufwendige Sanierung des Schreins machen. Da meldete sich ein Mann und behauptete, er habe »vor langen Jahren im Kunsthandel eine antike Gemme erworben, die nachweislich vor der durch die Franzosen um 1810 vorgenommenen Beraubung des Elisabethschreins an diesem gesessen hat«. Er sei bereit, den braunen Sardonyx mit einer Inschrift mit etruskischen Buchstaben zurückzugeben.

So prangte die verschollene Gemme zur Wiedereröffnung der Kirche am 19. November 1931 in der Mitte der Elisabethkrone, wofür sie ursprünglich gar nicht gedacht war und wo sie sich noch heute befindet.

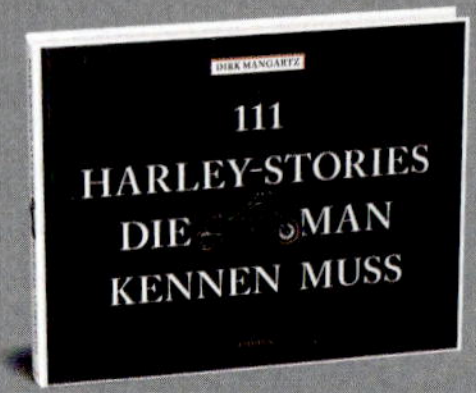

ISBN 978-3-7408-0939-3
€ D 25,00/€ A 25,70

ISBN 978-3-7408-0680-4
€ D 25,00/€ A 25,70

111 MAL ON THE ROAD

ISBN 978-3-95451-912-5
€ D 25,00/€ A 25,70

ISBN 978-3-7408-1442-7
€ D 30,00/€ A 30,90

ISBN 978-3-95451-912-5
€ D 25,00/€ A 25,70

ISBN 978-3-7408-0938-6
€ D 25,00/€ A 25,70

Adresse Elisabethstraße 3, 35037 Marburg, www.elisabethkirche.de | ÖPNV Busse 2, 3, 4, 10, 27, 383, Haltestelle Elisabethkirche | Öffnungszeiten April–Sept. 9–18 Uhr, Okt. 9–17 Uhr, Nov.–März 10–16 Uhr, in der Adventszeit 10–18 Uhr; Kirchenführungen über Website buchbar | Tipp Von der angeblich schönsten Gemme, die das Doppelporträt von Castor und Pollux zeigte, gibt es leider keinen Abdruck, sie gilt bis heute als verschollen. Allerdings kann man am Mittelpfeiler der Sakristei auf Augenhöhe eine Einritzung finden, die eindeutig die verschwundene Kamee zeigt. Wer diese angefertigt hat, wird wohl ein Rätsel bleiben.

41 Das Geotop

Tanz auf dem Vulkan

Geotope sind spezielle Orte, die wegen ihrer Schönheit, Eigenart und großen Bedeutung für die Wissenschaft einen besonderen Einblick in die Millionen Jahre andauernde Entwicklung unserer Erde bieten. Eines dieser seltenen Fenster zur Erdgeschichte liegt in der kleinen Stadt Amöneburg im Landkreis Marburg-Biedenkopf in der Hessischen Senke, die einen Teil der Bruchstruktur darstellt, welche den europäischen Kontinent von Süden nach Norden durchquert. Auf einem ehemaligen Vulkanschlot erbaut, haben sich heute rund 5.000 Anwohner in dem Städtchen am Hang um die gleichnamige Burg angesiedelt – übrigens mitten in der Vulkanregion Vogelsberg. Hier befand sich einst ein großer Krater voller Lava.

Schon an der östlichen Auffahrt zur Oberstadt beeindrucken bis zu 25 Meter hohe Säulen aus Basanit. Sie sind stumme Zeugen einer Zeit, in der sich flüssiges Magma in einem Förderschlot bildete, um später zu erkalten und sich schützend um den Vulkankegel zu legen.

Geht man vom historischen Marktplatz an der kleinen evangelischen Kapelle vorbei, gelangt man auf den fünf Kilometer langen Mauerrundweg. Von dort aus hat man einen herrlichen Weitblick über das Amöneburger Becken, durch das sich der Fluss Ohm schlängelt – vorbei an ehemaligen Steinbrüchen, historischen Trockenmauern und seltenen Farnschluchten. Und wer möchte, kann noch eine Stippvisite zu den Resten der mittelalterlichen Wenigenburg einplanen, die ebenfalls auf einem Vulkanschlot errichtet wurde.

Sollte die Entdeckerlust noch nicht gestillt sein, empfiehlt sich eine Einkehr im hiesigen Burgcafé, das aufgrund seiner Sonnenterrasse und dem nahen Spielplatz vor allem im Sommer als »Place to be« gilt. Hier können sich Hobbygeologen und andere mit einem Stück Stachelbeer-Sahne-Torte, einer frischen Waffel oder auch einem herzhaften Gericht stärken, um anschließend weiter auf dem Vulkan zu tanzen.

Adresse 35287 Amöneburg | ÖPNV Busse 35 oder 75 nach Kirchhain, von dort Bus 82 nach Amöneburg | Anfahrt an der K30 auf dem Weg zur Oberstadt | Tipp Wer mehr über Hessens ältestes Naturschutzgebiet erfahren möchte, ist im Naturschutz-Informationszentrum Amöneburg (NIZA) richtig (April–Okt. Mo–Do sowie jeden 1. und 3. So im Monat).

42 Die Gerling-Sternwarte

Guter Draht nach oben

Die Geburtsstunde des Mathematisch-Physikalischen Instituts ist eng mit dem Ruf von Christian Ludwig Gerling (1788–1864) an die Philipps-Universität verknüpft. Dieser kam am 1. Mai 1817 als Professor nach Marburg und wurde sogar später zum ersten Direktor des Instituts berufen, wo er fast 50 Jahre lang im Dienste der Wissenschaft tätig war, bis er 86-jährig verstarb.

Neben seinen Verdiensten um die Landesvermessung in Hessen im Auftrag des Kurfürsten Wilhelm II. in Kassel ließ er gleich nach dem Umzug des Instituts im Jahr 1841 im Turm des frisch renovierten Gebäudes Am Renthof eine Sternwarte einrichten, die zunächst nur für den Lehrbetrieb gedacht war. Hier führte der Professor für Mathematik, Astronomie und Physik mit seinen Studierenden astronomische Beobachtungen durch, die der Verbesserung der Sternenkarten, der genaueren Berechnung der Mondbahn und der Kometen- und Asteroidenbahnen dienen sollten. Einer von ihnen, Carl Wilhelm Moesta, sollte später der erste Direktor der Sternwarte in Chile werden und – auch aufgrund der Arbeiten Gerlings – einer der Mitbegründer der dortigen Astronomie.

Heute ist die Sternwarte unter der Nummer 525 im Minor Planet Center der International Astronomical Union als Beobachtungssternwarte für Asteroiden und Kleinkörper registriert und kann als Museum besichtigt werden. Gerlings Originalgeräte – von Fernrohren bis hin zum Kometensucher – sind leider nicht mehr vorhanden. Lediglich ein kleines Passageinstrument der Firma Breithaupt, welches in den 80er Jahren des 19. Jahrhunderts zu Lehrzwecken angeschafft wurde, befindet sich in der Physikalischen Sammlung des Instituts. Gerlings Grabstätte hingegen ist bis heute erhalten. Sie wurde im Jahr 1974 durch die Gesellschaft für Geodäsie, Geoinformation und Landmanagement restauriert und liegt in der nordwestlichen Ecke des Alten Friedhofs am Barfüßertor.

Adresse Renthof 6, 35037 Marburg, www.parallaxe-sternzeit.de | ÖPNV Busse 1, 3, 6, Haltestelle Pilgrimstein; Bus 10, Haltestelle Marburg Markt, von dort wenige Minuten zu Fuß | Öffnungszeiten nur auf Anfrage unter Tel. 06421/2821338 oder per E-Mail an astronomie@physik.uni-marburg.de zu besichtigen | Tipp Auf der Kuppe des Schlossbergs steht ein alter Pulverturm, den Christian Ludwig Gerling zum meteorologischen Turm umrüsten ließ. Auf dem Dach ließ er vier Pfosten zur Installation von geophysikalischen, meteorologischen und astronomischen Geräten errichten.

43 Der Gewölbekeller

Folter unter dem Rathaus

In Marburg wurden ab 1513 bis ins Jahr 1712 circa 120 Hexenprozesse durchgeführt – selbst Kinder waren davon nicht ausgenommen (siehe Ort 39). Während man der Hexerei angeklagte Personen gern »uffs Schloss« brachte, um sie einzusperren, stand nach der Fertigstellung des Rathauses auch das Lochgefängnis zur Verfügung, das vor allem dann genutzt wurde, wenn am selben Tag noch ein Verhör geplant war.

Dafür war dann der 16 Quadratmeter große Nachbarraum vorgesehen – ein Gewölbekeller mit 2,50 Metern Deckenhöhe, in dem sich ein Scharfrichter und seine Knechte, der Oberschultheiß, die Schreiber, Zeugen und Schöffen und die Angeklagten zur »peinlichen Befragung« einfinden mussten. Man verband den Opfern die Augen und Hände und knüpfte sie mit Hilfe einer Seilrolle so an der Decke auf, dass sich nach und nach das Schultergelenk ausrenkte – eine äußerst schmerzhafte Angelegenheit. Danach legte man die sogenannten »spanischen Stiefel« an, mit Spitzen versehene Eisenplatten, die sich tief ins Bein bohrten. Ziel war ja das Geständnis, nicht der Tod. Dennoch kamen bei den Befragungen im Gewölbekeller auch Menschen zu Tode, wie beispielsweise Elisabeth George aus Kirchhain, die am 26. August 1654 unter der Folter verstarb.

Das Verbrechen der Hexerei wurde vor weltlichen Gerichten verhandelt. Das Marburger Peinliche Halsgericht unterstand zwar dem Landesherrn, saß aber im Rathaus. Nach einer gütlichen Befragung folgte, wenn die Vorwürfe abgestritten wurden, die oben beschriebene Tortur. Und wenn die oder der Angeklagte dann doch alles zugab, wurde das Geständnis verkündet, übrigens meist öffentlich auf dem Marktplatz, wie beispielsweise am 25. Mai 1582 geschehen. Nach der Verlesung des Urteils brach der Richter über den Todgeweihten den Stab und stieß die Gerichtsbank um – für die Verurteilten war nun der schreckliche Tod durch das Feuer vorgesehen.

Adresse Markt 1, 35037 Marburg, www.marburg.de | ÖPNV Bus 10, Haltestelle Marburg Markt | Öffnungszeiten nur nach Absprache und beim Tag des offenen Denkmals zugänglich, Infos siehe Website | Tipp Im Rathaus zeigt eine Wandmalerei aus dem Jahr 1551, wie man sich so eine Sitzung des Peinlichen Gerichts vorzustellen hat. Der Endliche Rechtstag mit der Urteilsvollstreckung war ein Großevent, bei dem man die Beteiligten mit einer Schranke schützen musste.

44 Das Grab Rankes

Totenhof am Michelchen

Westlich der Elisabethkirche befindet sich auf einer kleinen Anhöhe die St. Michaelskapelle, die im Volksmund »Michelchen« genannt wird. Das Gotteshaus wurde im Jahr 1270 im Auftrag des Deutschen Ordens aus Bruchsteinen errichtet, die beim Bau der Elisabethkirche übrig geblieben waren. Zunächst nur für verstorbene Pilger gedacht, die den Gebeinen der heiligen Elisabeth huldigen wollten und auf ihrer Reise verstarben, wurden später auch viele Marburger Bürger hier bestattet. Heute sind rund um den kleinen Friedhof noch 50 Grabsteine erhalten, die aus dem 16. bis 19. Jahrhundert stammen und einen guten Überblick über den Wandel der Bildhauer- und Grabsteinkunst geben.

Die letzte Beerdigung hier dürfte die von Ernst Ranke im Jahr 1888 gewesen sein. Der pfiffige Professor für Theologie, der zu Lebzeiten angeblich häufig dichtend und rezitierend durch die Straßen lief, hatte noch rechtzeitig vor der Schließung des Friedhofs beantragt, im Grab seiner Frau Theoda bestattet zu werden. Der Bruder des berühmten Berliner Historikers Leopold von Ranke war bereits seit 1860 verwitwet und sah mit Besorgnis, dass man in Ockershausen einen neuen großen Friedhof anzulegen begann, der 1865 feierlich eröffnet wurde. Dort wollte der vierfache Vater offenbar nicht begraben werden. So liegt heute neben all den Pilgern, Gürtelmachern, Schwarz- und Blaufärbern – so geben jedenfalls die Inschriften über die Berufe der Verstorbenen Auskunft – eben auch ein Professor. Übrigens einer, der sich zudem durch die Herausgabe des Marburger Gesangbuchs und seiner Gedichte – unter anderem »Die Kasseler Tage« – einen Namen machte.

Seit 2009 kann die kleine Kapelle auf dem Totenhof wieder besichtigt werden. Ab und zu finden hier auch wieder Taufen oder Konfirmationen statt. Ansonsten ist der Totenhof ein Ort der Ruhe oberhalb der lauten Elisabethstraße – ideal für einen kleinen Spaziergang.

Adresse Friedrich-Siebert-Weg, 35037 Marburg | ÖPNV Busse 2, 3, 4, 10, 27, 383, Haltestelle Elisabethkirche | Öffnungszeiten Friedhof öffentlich zugänglich, Schlüssel für die Kapelle beim Pförtner der Elisabethkirche erhältlich | Tipp Ganz in der Nähe des Friedhofs, in der Ketzerbach 1, befindet sich die Marburger Stadtbücherei, die mehr als 8.000 Titel jährlich neu anschafft und zur Ausleihe bereithält.

45 Die Graffitis in der Elisabethkirche

Schmierereien aus dem Jenseits

Bereits im Mittelalter war die damals noch vor den Toren der Stadt gelegene Elisabethkirche ein attraktives Ausflugsziel für Schüler des Pädagogiums, wie damals das Gymnasium genannt wurde, und für Studierende der Marburger Universität. Besonders beliebt bei den Älteren soll der Weinschrank gewesen sein, den der Deutsche Orden nördlich der Kirche in der ehemaligen Firmanei betrieb. Notizen in den Universitätsannalen bezeugen, dass es immer wieder zu Konflikten mit betrunkenen Studierenden kam, wie beispielsweise im Jahr 1605 mit einem gewissen Bonaventura Gauer, der seine Aggressionen sogar gegen die Ordensleute richtete und dann eingekerkert wurde. Der eine oder andere Übeltäter ließ sich dazu hinreißen, eine Botschaft an die Kirchenwand oder ins Mobiliar zu ritzen oder seinen Namen mit Rötel hinzuschmieren, was sicher wesentlich schneller ging.

Obwohl zahlreiche Graffitis der Sanierung der Elisabethkirche zum Opfer gefallen sind, befinden sich noch immer mehr als 1.300 Zeugnisse aus der Zeit zwischen dem 14. und dem 17. Jahrhundert im gesamten Gotteshaus, allein in der Sakristei hat man 454 Wandbotschaften gezählt. Dabei waren der Unverfrorenheit schon damals keine Grenzen gesetzt: Während sich Nikolaus Weber und Hermann Marbecher im Jahr 1594 am Kredenztisch im nördlichen Seitenschiff verewigten, bevorzugte Laurentius Breul aus Wetter, nachweislich 1561 immatrikuliert, ausgerechnet den Hochaltar. Neben den Spuren der Studierenden findet man auch Hinweise auf adlige Reisende des Spätmittelalters, die sich durch das Einritzen ihres Wappens weltliche Ehre oder himmlische Fürsprache erhofften. Eines haben alle Schmierfinken gemeinsam: Sie haben sich im wahrsten Sinne des Wortes in das Gedächtnis der Stadt eingeschrieben und sich so gewissermaßen unsterblich gemacht. Wer schreibt, der bleibt.

Adresse Elisabethstraße 3, 35037 Marburg | ÖPNV Busse 1, 3, 6, Haltestelle Pilgrimstein | Öffnungszeiten Mo–Sa 9–17 Uhr, So 11–17 Uhr | Tipp Hinter der gewaltigen Kirche mündet der Marbach in den Mühlgraben. Am sogenannten »Inselchen« kann man es gut aushalten und sich am Flussufer die Sonne auf die Nase scheinen lassen.

46 Die Hakenkreuzdecke

Staatsarchiv mit Geschichte

Dass das neue Staatsarchiv, das im Oktober 1938 feierlich eröffnet wurde, für das historische Stadtbild Marburgs von großer Bedeutung sein würde, war allen Beteiligten von vornherein klar. Seit 1870 war der Sitz des Archivs im Marburger Schloss gewesen und schien schon lange aus allen Fugen zu platzen. Beim Neubau ging es um die Demonstration von Macht. So heißt es im Erläuterungsbericht von 1935: »Der Ausstellungssaal, Hörsaal und die Treppenhalle sollen aufgrund des Erlasses des Herrn Reichsministers für Propaganda und Volksaufklärung eine besondere künstlerische Mitwirkung und Ausgestaltung erhalten.« So der damalige Plan.

Einerseits wollte man also mit dem massiven Bau zwischen Wilhelmstraße, Friedrichstraße und dem damaligen Adolf-Hitler-Platz – dem heutigen Friedrichsplatz – die über 1.000-jährige schriftliche Überlieferung der hessischen Geschichte aufnehmen und schließlich der Wissenschaft und Öffentlichkeit zugänglich machen. Andererseits verpflichtete sich der Architekt und Baurat Alfred Henrich gemeinsam mit dem viel bekannteren Konrad Nonn ganz bewusst dem Formenkanon der NS-Architektur: durch die Adolf-Hitler-Büste im Marmorportal der Treppenhalle, die nach dem Krieg zügig gegen eine Athene-/Minerva-Büste ausgetauscht wurde, oder auch den Steinadler im Innenhof. Richtet man heute in der Treppenhalle den Blick nach oben, erkennt man noch die sogenannte Hakenkreuzdecke – ein Mosaikband aus mäandernden Hakenkreuzen, das durch eine spezielle Lichtregie durch das Oberlicht in Szene gesetzt wird.

Das wohl einzige neu erbaute Archivgebäude aus der Zeit des Dritten Reiches in Deutschland, bei dessen Errichtung nur Firmen beauftragt wurden, deren »Deutschstämmigkeit« außer Frage stand, ist abgesehen vom Ausbau des Dachgeschosses und den Reparaturen nach einem Bombeneinschlag im Jahr 1945 noch weitgehend im Originalzustand erhalten.

Adresse Friedrichsplatz 15, 35037 Marburg | ÖPNV Busse 1, 2, 4, 5, 7, 20, Haltestelle Wilhelmplatz | Öffnungszeiten Eingangshalle: Mo–Fr 9–17.30 Uhr | Tipp Ganz in der Nähe, in der Frankfurter Straße, findet mittwochs und samstags zwischen 7 und 13 Uhr ein schöner und recht großer Wochenmarkt statt.

47 Der Heilige Grund

Apfellehrpfad auf historischem Boden

Schon Elisabeth von Thüringen wusste, wo es schön ist. So wählte die damals frisch verwitwete ungarische Prinzessin den malerischen Weg durch den Heiligen Grund, um ihre zweijährige Tochter Gertrud von Marburg zum Kloster Altenberg zu bringen. Das war im Jahr 1229, und schon damals müssen die Natur und der Blick aufs Schloss von der Anhöhe aus einzigartig gewesen sein. Den besonderen Namen erhielt der Hügel jedoch, weil man dort bis zum Jahr 1150 die Toten im Rahmen einer Prozession ins sechs Kilometer entfernte Oberweimar überführte, wie die Holzschilder am Wegesrand mit Aufschriften wie »Totenweg« oder »Zur letzten Andacht« noch heute bezeugen.

Biegt man vom steilen Gladenbacher Weg links in einen Feldweg ein, gelangt man an den oberen Rand des Heiligen Grunds, wo seit jeher mehr als 50 heimische Kirschsorten in dem fruchtbaren Boden mit Lössauflage gedeihen, die bis in die 50er Jahre des letzten Jahrhunderts hinein noch die Lebensgrundlage zahlreicher Bauern darstellten. Auch die jahrelange Wiederbepflanzung und Pflege von über 100 Apfelsorten, über die man sich auf dem gut beschilderten Apfellehrpfad informieren kann, machen den Heiligen Grund zu einer wichtigen grünen Achse zwischen Ockershausen und Stadtwald. Wohl dem, der in einem der begehrten Schrebergärten die Ruhe und den Schlossblick auch mal ganz privat genießen kann. Wobei Ruhe ja relativ ist: Zahlreiche Vögel – darunter der seltene Wendehals – nisten bevorzugt hier oben und bevölkern vornehmlich die abgestorbenen Bäume, weil sie dort wertvolle Nahrung finden.

Wer sich also auf einen Spaziergang einlässt, sollte das Auge für den Feuersalamander, den inzwischen seltenen Wiesensalbei und die vielen besonderen Schmetterlings- und Libellenarten genauso schärfen wie für heimische Apfel- und Kirschsorten. Pflücken ist übrigens ausdrücklich verboten.

Adresse Graf-von-Stauffenberg-Straße 65, 35037 Marburg | ÖPNV Bus 17, Haltestelle Graf-von-Stauffenberg-Straße | Tipp Unterhalb der Wehrhäuser Höhe – dort, wo sich die Wanderwege D4 und D1 kreuzen – befindet sich die längste Schlittenstrecke von Marburg.

48 Die Heilige und ihr Zuchtmeister

Skandalbild in der Aula

Nachdem das alte Dominikanerkloster 1890 – bis auf die Kirche – dem Neubau des Universitätsbaumeisters Karl Schäfer (1844–1908) Platz gemacht hatte, entschied man sich, das neue Gebäude mit einem Gemäldezyklus auszustatten, der die erfolgreiche Geschichte der Universität darstellen sollte. Beauftragt wurde der Maler Peter Janssen, der spätere Direktor der Düsseldorfer Kunstakademie. Er begann seine Arbeit an dem ersten, über 22 Quadratmeter großen Bild mit dem Titel »Die heilige Elisabeth und ihr geistlicher Zuchtmeister Konrad von Marburg« im Sommer 1895 mit einer kleinen Skizze, die aber wohl niemand zu Gesicht bekam. Nur so ist es zu erklären, dass das Gemälde, das Konrad von Marburg mit einem Geißelstrick in der Hand zeigte, wie er gerade im Begriff ist, die junge Elisabeth zu schlagen, erst eine ganze Weile nach seiner Fertigstellung großen Aufruhr auslöste.

Nachdem das Originalgemälde in der Kunstzeitschrift »Kunst für Alle« (1898) abgedruckt worden war, tagten die zuständigen Gremien. Die Senatskommission erarbeitete einen scharfen Protest gegen diese skandalöse gewalttätige Darstellung. Und erst nachdem man »den Künstler zur Entfernung der Geissel bzw. des Strickes aus der Hand des Ketzerrichters« überredet hatte, konnten alle wieder gut schlafen. Wie man heute noch erahnen kann, hat Janssen den Strick damals einfach überpinselt und ein wenig Konrads Handhaltung korrigiert. Die schräge Körperhaltung und die seltsame Armstellung des brutalen Beichtvaters muten noch immer unpassend an.

Im Oktober 1903 wurde der fertige Zyklus jedenfalls ohne die Abbildung des Geißelstricks an die Wand gebracht, sodass niemand einen Skandal befürchten musste. Dass Konrad die Landgräfin tatsächlich regelmäßig schlug, ist jedoch eine Tatsache.

Adresse Lahntor 3, 35037 Marburg | ÖPNV Busse 1, 3, 4, 5, 6, 7, 10, 27, 383, Haltestelle Rudolphsplatz | Öffnungszeiten Alte Aula nur bei akademischen Veranstaltungen zugänglich; Führungen bei Marburg Stadt und Land Tourismus GmbH unter Tel. 06421/9912-0 buchbar | Tipp Im Innenhof der Alten Universität befindet sich die von Dietrich Paffrath im Jahr 1968 geschaffene Brunnenschale mit einem für jene Zeit typischen Basrelief an der Seite. Ein zylindrischer Betonsockel lässt die Schale fast schweben.

49 Der Hexenturm

Haft hinter dicken Mauern

Noch heute lassen sich im Marburger Staatsarchiv gut 120 Prozesse recherchieren, bei denen vermeintlichen Hexen in Oberhessen der Prozess gemacht wurde (siehe Ort 43). Viele von ihnen saßen im Hexenturm ein, der so auch zu seinem Namen kam. Über eine kleine Außentreppe gelangt man in das historische Gebäude mit seinen vier Meter dicken Mauern und ehemals vier Stockwerken. Heute ist der Kerker ein beliebtes Ziel von Stadtführungen und Aufführungsort von spannenden Kriminalhörspielen.

»Der weiße Turm«, wie das Gebäude zunächst genannt wurde, wurde 1478 von dem Baumeister Hans Jakob von Ettlingen als Geschützturm zur Flankensicherung des Schlosses erbaut. Im Zeitraum von 1550 bis circa 1866 nutzte man ihn als ausbruchsicheres Gefängnis, die kleinen vergitterten Fenster sind noch immer stille Zeugen dieser Zeit. Danach wohnte der Schlossgärtner in dem immerhin wohl einbruchsicheren Gebäude. Zwölf dunkle Zellen soll es auf zwei Stockwerken gegeben haben, im Dachgeschoss kam der Gefängniswärter in einer kleinen Wohnung unter.

An den Wänden der Zellen kann man immer noch Kettenreste in der Mauer, aber auch mehr als 200 Initialen, Einkerbungen und Jahreszahlen aus vergangener Zeit entdecken. Nicht wenige Gefangene haben hier offenbar mit einfachen Strichen die Tage bis zu ihrer Entlassung oder Hinrichtung gezählt. Die deutschen, aber auch hebräischen Inschriften erzählen von der Angst vor dem Urteil oder auch der Hoffnung, dass Gott einem im Augenblick der Vollstreckung beistehen möge. Aber auch Darstellungen von Ringelblumen und anderen heimischen Pflanzen sind zu finden, datiert auf die Jahre 1749 bis 1894, also über die Zeit des Kerkers hinaus. Berühmtester Insasse war wohl der Mörder Ludwig Hilberg, der nach dreijährigem Prozess 1864 auf dem Rabenstein hingerichtet wurde. Zuvor hatte er seine Flucht aus dem Turm geplant.

Adresse Gisonenweg, 35037 Marburg | ÖPNV Bus 10, Haltestelle Schloss | Öffnungszeiten am Tag des offenen Denkmals und im Zuge von Stadtführungen zugänglich | Tipp Der prächtige Fürstensaal im Landgrafenschloss gilt als einer der schönsten weltlichen Säle der Gotik in Deutschland. Für eine Schlossführung sollte man sich vorab anmelden (www.marburg-tourismus.de).

50 Der Hirsefeldsteg

Aus Alt mach Neu

Was wäre wohl aus dem Kleinen Kämpfrasen – heute Trojedamm genannt – geworden, hätte man dort den zu Anfang des letzten Jahrhunderts von Prof. Dr. Friedrich Bernhard André und seinem Kompagnon Prof. Dr. Kurt Hensel geplanten »Spiel- und Schmuckplatz« errichtet? Damals begann man zunächst ganz hoffnungsvoll mit dem Bau einer Holzbrücke, um den Zugang zu der kleinen Lahninsel zwischen Frankfurter Straße und dem Hirsefeld zu gewährleisten. Mit 8.000 Mark finanzierte die Gertrud-Hensel-Stiftung im Jahr 1913 das private Bauvorhaben, bei dem der Marburger Spar- und Bauverein als Bauherr auftrat.

Volkspark hin oder her: Aufgrund des sogenannten Hirsefeldstegs konnten sich nun die Weidenhäuser den weiten Weg zur nächsten Steinbrücke sparen, um in die Stadt zu gelangen. Umgekehrt wurde es den Marburgern erleichtert, die Kleingärten auf der anderen Lahnseite zu erreichen oder Zerstreuung auf Spiegelslust oder in den Hansenhäusern zu suchen. Klingt eigentlich perfekt. Doch als man 1922 den Trojedamm wegen des drohenden Hochwassers der Lahn um 25 Meter zurückversetzte, passte der Anschluss der Brücke nicht mehr – der Steg endete über lange Zeit sinnlos im Lahnvorland. Das Objekt wurde zum Politikum, und viele forderten den Abriss des Stegs. Die überraschende Wende kam im Jahr 1924, als das Universitätsstadion entstand, das bei Ereignissen wie dem Deutschen Akademischen Olympia oder dem Großen Turnertreffen Tausende Zuschauer anzog. Auch das zwei Jahre später errichtete Sommerbad und die Jugendherberge machten die 1,50 Meter breite Holzbrücke plötzlich unersetzlich.

Obwohl das inzwischen als Kulturdenkmal eingestufte Bauwerk sogar das Jahrhunderthochwasser von 1946 überstand, wurde der historische Hirsefeldsteg trotz massiver Proteste der Bevölkerung im Jahr 2010 abgerissen, um einem breiteren, stabileren Brückenneubau Platz zu machen.

Adresse Hirsefeldsteg, 35037 Marburg | **ÖPNV** Bus 3, Haltestelle Auf der Weide/Aquamar | **Tipp** Der Northamptonpark an der Jahnstraße – benannt nach Marburgs englischer Partnerstadt – lädt mit seiner großen Liegefläche und vielen Bänken ganzjährig zum Verweilen ein. Neben einem Kinderspielplatz gibt es hier ein Tanzglockenspiel und eine Klangsäule.

51 Die Hirsemühle

Wechselhafte Geschichte an der Lahn

Im Stadtteil Weidenhausen stand die nicht mehr existierende Elwinsmühle in unmittelbarer Nähe zur Lahn, um die Kraft des Wassers zu nutzen. Sie scheint die älteste Mühle der Gegend gewesen zu sein, eine noch vorhandene Rechnung geht auf das Jahr 1234 zurück. Kurz darauf wurden wohl die Herrenmühle, die Pulvermühle und die Grüne Mühle errichtet. Als das Mühlenwerk der Grienter Mühle, wie sie im Volksmund hieß, bei einer Frühjahrsüberschwemmung im Jahr 1643 stark beschädigt wurde und das Gebäude abgerissen werden musste, errichtete man die der Lahn zugewandte Ölmühle und daneben eine Hirsemühle, die bis heute steht und auf eine wechselvolle Geschichte zurückblicken kann.

Erstmals wurde im Jahr 1714 ein Bewilligungsbescheid auf einen Johann Christoph Cöster ausgestellt, um Hafermehl zu mahlen sowie Gerste und Hirse zu schälen. Bis 1795 blieb die Mühle im Besitz der Familie, dann gab es einen regen Besitzerwechsel: Nach dem Lohgerber Jakob Dern übernahm der Kaufmann Justus Majerus das Haus mit der Genehmigung, dort Lohe zu mahlen und Öl zu schlagen. Der Standort, an dem sich die durch das Grüne Wehr gestaute Lahn noch heute in imposanter Breite durch das Tal zieht, war auch für den Pächter Johannes Schmidt attraktiv, von dem der Bleicher Peter Löchel im Jahr 1888 das Anwesen übernahm. Er hatte sein Gelände am Biegen, wo nach und nach die Uferstraße entstehen sollte, zuvor an die Stadt verkauft. Aus einer modernen Wäscherei und Bleicherei mit Waschbänken wurde in der folgenden Generation schließlich ein Gärtnereibetrieb, der bis 1969 Bestand hatte. Die Familie lebt immer noch dort.

Heute begrüßt im Graben vor dem Gebäude, das als privates Wohnhaus genutzt wird, ein kleiner Zwerg vor einer Mini-Mühle den aufmerksamen Betrachter. Er verweist auf vergangene Zeiten, die der Fotograf und Jurist Ludwig Bickell (1838–1901) auf zahlreichen Fotografien festgehalten hat.

Adresse Bei der Hirsenmühle 2, 35037 Marburg | ÖPNV Bus 6, Haltestelle Erlenring | Tipp Eine der bedeutendsten Nord-Süd-Verbindungen für Radfahrer passiert direkt am Damm die Mühle. Rast machen kann man hoffentlich bald wieder in der Jugendherberge, die abgerissen wurde, um einem Neubau Platz zu machen.

52 Das Hochzeitshaus

Der neue Schwan

Nahezu jede Familie hat so ihre schwarzen Schafe. In der geschätzten Marburger Kaufmanns- und Gastwirtsfamilie Schwan – Vater Daniel (circa 1450–1527) hatte zahlreiche hohe städtische Ämter inne und galt zeitweise als reichster Bürger der Stadt – war dieses schwarze Schaf der zweitälteste Sohn Hermann, der bereits 1522 von seinem Vater den Hauptteil der auswärtigen Handelsgeschäfte übertragen bekam und sich dann im großen Stil extravaganten Baumaßnahmen widmete. Als Erstes ließ er 1528 das »Steinerne Haus«, das auch den Namen »Der neue Schwan« trug, in der heutigen Nikolaistraße errichten. Es kam mit seinem Walmdach und den sechs Ecktürmen schon damals besonders stattlich daher. Auch die reichhaltige Innenausstattung zeigte Hermanns überbordendes Selbstbewusstsein, das ihn später zu Fall bringen sollte. Zunächst aber zog es ihn auf den später nach ihm benannten Schwanhof, der damals ein üppiges Anwesen mit Lustgarten und Teich darstellte.

Das Haus in der Nikolaistraße wurde 1663 aufwendig umgebaut, und die barocke Fassade, die man heute noch bestaunen kann, stammt aus dem Jahr 1740. Das Gebäude hatte auch in späterer Zeit eine wechselvolle Geschichte: Während sich darin ab 1869 der zweite Vorläufer der Elisabethschule befand, traf sich hier Anfang des letzten Jahrhunderts die Akademische Vereinigung, deren berühmtester Vertreter der deutsche Pädagoge und Kulturpolitiker Adolf Reichwein sein dürfte.

Warum das Haus im Volksmund »Hochzeitshaus« heißt, weiß niemand. Ein Standesamt befand sich jedenfalls nie in der Nicolaistraße 3. Apropos Hochzeit: Hermann Schwan geriet später – obwohl verheiratet – wegen seiner Liebschaft zu einer ebenfalls verheirateten Frau unter Mordverdacht, als deren Ehemann plötzlich starb. Er verbrachte deswegen viele Jahre in Kerkerhaft in Nürnberg und kehrte auch nach seiner Freilassung nie mehr nach Marburg zurück.

Adresse Nikolaistraße 3, 35037 Marburg | ÖPNV Bus 10, Haltestelle Marburg Markt | Tipp Auf der rechten Innenseite der Flügeltür des Sippenaltars von Ludwig Juppe in der Elisabethkirche ist das Wohnhaus der Familie Schwan abgebildet, außerdem das Rathaus von 1511, dessen Baumeister zeitweise Daniel Schwan war.

53 Der Hoffmanns-Lieschen-Brunnen

Die Weidenhäuser Jeanne d'Arc

Am Beginn der Weidenhäuser Straße steht – auf einem kleinen Vorplatz vor der Mobilitätszentrale der Stadtwerke – ein Brunnen, den fünf tanzende Frauen zieren. Der von Hanna Korflür im Jahr 1979 im Auftrag der Sparkasse Marburg-Biedenkopf gestaltete Brunnen ist »Hoffmanns Lieschen« gewidmet, der man eine große Heldentat nachsagt.

Der Stadtteil Weidenhausen war schon immer geprägt von den vielen Wassergräben, die das Lahnvorland durchzogen und den hier ansässigen Lohgerbern und Müllern eine wichtige Grundlage für ihr Gewerk lieferten. Weil ihnen aber die Stadt Marburg das Land immer wieder streitig zu machen versuchte, gründeten sie 1714 eine Art Genossenschaft, die »Erlengrabengesellschaft«. Einer Legende nach wollte Elisabeth Hoffmann diesem erbitterten Hin und Her ein Ende setzen, indem sie sich im Jahr 1811 kurzerhand mit einer Weidenhäuser Delegation auf den Weg zum westfälischen König Jérôme Bonaparte nach Kassel machte. Er soll von ihrer Schönheit und ihrem Tanz betört gewesen sein und ihren Wünschen letztlich nachgegeben haben.

Seit dieser Zeit feiert man in Weidenhausen alle fünf Jahre das Grabenfest. Am Wohnhaus von Hoffmanns Lieschen in der Weidenhäuser Straße 92 wurde zudem eine Gedenktafel befestigt: »Hier wurde am 5. Mai 1792 Hoffmanns Lieschen, die Retterin der Weidenhäuser Graben-Tradition, geboren als Tochter des Handschuhmachers und Säcklermeisters Johannes Hoffmann und Ehefrau Anna, geborene Boss.« Hier soll sie bei der Geburt ihres sechsten Kindes am 12. Mai 1834 auch verstorben sein.

Man sagt, dass die Heldin bei ihrer Rückkehr von tanzenden Kindern empfangen wurde. So sind sicher auch die Frauengestalten auf dem Brunnen zu deuten. Waschweiber, die sich damals oft an den Gräben aufhielten, um Wäsche zu bleichen, werden es wohl nicht sein.

Adresse Weidenhäuser Straße, 35037 Marburg | ÖPNV Bus 6, Haltestelle Erlenring | Tipp Marburger Straßen und Plätze tragen nur selten Frauennamen, und wenn, dann wurden sie wie beim Annablick, der Elisabethhütte oder dem Katharinenberg anonymisiert, indem man die Nachnamen einfach wegließ. Umso erfreulicher, dass einige Straßen im Wohngebiet Stadtwald den Namen von Widerstandskämpferinnen tragen, wie beispielsweise die Cilly-Schäfer-Straße, die nach einer Politikerin benannt wurde.

54 Die Hörbücherei

Abenteuer für die Ohren

Der Polizeipsychologe Martin Schwartz hat vor fünf Jahren auf dem Kreuzfahrtschiff Sultan of the Seas unter mysteriösen Umständen Frau und Sohn verloren. Plötzlich gibt es neue Hinweise, was damals auf See passiert sein könnte. Sebastian Fitzeks Psychothriller »Passagier 23« ist nur einer der Hörbuch-Bestseller, die man im Onlinekatalog der Hörbücherei der Blindenstudienanstalt ausleihen kann. Mit insgesamt 10.000 Punktschrift- und mehr als 60.000 Hörbüchern gilt die Sammlung als die größte Hörbibliothek in Deutschland. Krimis führen die Beliebtheitsskala an, gefolgt von Biografien und Liebesromanen. Eine Spezialität sind zudem populärwissenschaftliche Sachbücher, außerdem gibt es ein breites Angebot an Zeitschriften, die regelmässig eingelesen werden.

Eine Aufnahme der Hörbibliothek darf man sich jedoch nicht wie ein klassisches Hörbuch vorstellen. In den vier Aufnahmestudios, die auf dem riesigen Schulgelände gerade erst in neue Räumlichkeiten gezogen und auf den neuesten technischen Stand gebracht worden sind, werden nicht nur die Texte eingelesen, sondern auch die Umschläge und Grafiken für sehbehinderte Menschen angefertigt. Auch spezielle Schulbücher werden hergestellt. Ist die Aufnahme fertig, kann man sie digital herunterladen, oder man lässt sie sich auf CD brennen und zuschicken. Die Kooperation mit anderen Bibliotheken macht alternativ eine wohnortnahe Abholung möglich.

Immer wenn die rote Lampe im Studio angeht, ist strikte Ruhe angesagt – wie jetzt gerade, wo die Aufnahme zu dem Fotoband des blinden Fotografen Pete Eckert startet, dessen Arbeiten weltweit bekannt sind. Auch sein Werk wird in wenigen Tagen endlich für Blinde und sehbehinderte Menschen zugänglich sein. Gut so, denn Fitzek ist schon wieder ausgeliehen. Was den Lesergeschmack angeht, unterscheidet sich diese Bibliothek offenbar auch nicht von anderen öffentlichen Bibliotheken.

Adresse Deutsche Blindenstudienanstalt e. V., Am Schlag 2–12, 35037 Marburg, www.blista.de | ÖPNV Busse 5, 14, Haltestelle Wilhelm-Roser-Straße, von dort circa zehn Minuten zu Fuß | Tipp Marburg gilt als blindenfreundlichste Stadt Deutschlands. Am Marbacher Weg, also in Blista-Nähe, wurde die erste Ampel mit Akustiksignal installiert. Und die Busfahrer werden dahingehend geschult, auch außerplanmäßig anzuhalten, wenn ein Blinder mit seinem Stock ein Signal gibt.

55_Die Hügelgräber

Nur die Harten kommen in den Garten

Obwohl sich die Gräber bereits seit mehr als 3.000 Jahren an Ort und Stelle befinden, kam offenbar erst in den Jahren 1984 bis 1986 eine Forschungsgruppe des Vorgeschichtlichen Seminars der Philipps-Universität auf die Idee, die urnenfelderzeitlichen Grabhügel auf den Lahnbergen zu untersuchen, die auf wundersame Weise in all den Jahrhunderten von Plünderern verschont geblieben waren.

So entdeckte man in den um 1000 vor Christus datierten Gräbern nicht nur Gewandnadeln und Messer, sondern im Grab mit der Nummer U14 auch eine Bronzetasse – ein Sensationsfund. Warum hier, wie eine Analyse der Knochenreste ergab, vor allem Männer und kaum Frauen und Kinder bestattet wurden, gibt den Forschern bis heute Rätsel auf.

Die wegen ihrer Form »Tanzplatz« genannte Rechteckfläche in der Mitte der Ausgrabungsstelle ist mit ihren 32 Quadratmetern eine ungewöhnlich große Grabanlage für die damalige Zeit – immer noch eingesäumt von einer stabilen Trockenmauer. Da Marburg am nördlichen Rand des Verbreitungsgebiets der Urnenfelderkultur liegt, gibt es hier einige Besonderheiten, die auf einer bereits leicht verblassten Schautafel ausgeführt werden.

Der Neue Botanische Garten, in dessen südlicher Ecke sich die Gräber befinden, wurde Anfang der 60er Jahre auf den Lahnbergen in unmittelbarer Nähe der naturwissenschaftlichen Institute der Philipps-Universität angelegt. Zahlreiche Nadelbäume, die beeindruckende Rhododendron-Sammlung, das Alpinum mit Gebirgspflanzen aus verschiedenen Kontinenten und ein Waschbärgehege laden jedoch nicht nur Studierende zum Spazierengehen und Verweilen ein. Trotz der vielen Besucher und einer hier ansässigen Kita mit dem Namen Zappelphilipp herrscht auf dem Gelände eine himmlische Ruhe. Kein Wunder – handelt es sich doch eigentlich um einen Friedhof. Übrigens ist der Eintritt in den Wintermonaten für alle kostenfrei.

Adresse Neuer Botanischer Garten der Philipps-Universität Marburg, Karl-von-Frisch-Straße, 35043 Marburg | **ÖPNV** Busse 7, 16, Haltestelle Botanischer Garten | **Öffnungszeiten** im Winter täglich 9–16 Uhr, im Sommer täglich 9–18 Uhr; Hügelgräber gut ausgeschildert | **Tipp** Auf dem Gelände des Botanischen Gartens befindet sich auch die Grüne Schule der Philipps-Universität. Hier gibt es ein Schülerlabor und ein Lehr-Lern-Labor, das man nach Voranmeldung nutzen kann.

56 Das Jesus-lebt-Haus

Im Dienste der guten Sache

Wer Marburg von Süden aus ansteuert, fährt zwangsläufig direkt auf das riesige Haus zu, an dessen Fassade der auffällige Schriftzug »Jesus lebt« prangt. Was die wenigsten wissen: Das Gebäude gehört zu dem etwas verborgen liegenden Campus des Marburger Bibelseminars, das 2021 seinen 50. Geburtstag feierte und heute eine private Fachschule für Sozialwesen ist. Angeschlossen ist die MBS Akademie, in der es verschiedene Fort- und Weiterbildungsangebote sowie Beratung mit (gemeinde-)pädagogischem und theologischem Schwerpunkt gibt. Träger ist der Deutsche Gemeinschafts-Diakonieverband (DGD) e.V.

Das Gelände erwarben die Diakonissen bereits 1899, um hier den Grundstein für das »Mutterhaus Hebron« zu legen, das heute zum Gemeinschafts-Diakonieverband gehört, und an dieser Stelle ein Kinderheim zu eröffnen. Seither war der Ort oberhalb der Lahn mit der pädagogischen Begleitung von Kindern verbunden. Kurz nach Ausbruch des Ersten Weltkriegs begann die Schwesternschaft ohne jegliche finanzielle Rücklagen mit dem Bau eines weiteren Gebäudes am Hebronenberg, das heute noch existiert. Im Jahr 1971 wurde schließlich das Bibelseminar gegründet, dessen erste Leiter der evangelische Theologe Karl-Heinz Bormuth und die Diakonisse Marianne Herrmann waren. In all den Jahren wurde die Lehre um neue Bausteine wie die Erlebnispädagogik erweitert, und durch internationale Kooperationen ist hier inzwischen sogar ein Bachelorabschluss im Bereich Soziale Arbeit möglich.

Der Schriftzug am Haus wird immer mal wieder erneuert, vielleicht so, wie auch der Glaube immer wieder neu geprüft werden sollte. Dass sich Schmierfinken im April 2013 die Gerüste zunutze machten und die Fassade mit Sprüchen verschandelten, war bald schon wieder Geschichte. Es geht eben nichts über das kurze und knackige »Jesus lebt«, das schon so viele Jahre Bestand hat und sich auf seine Auferstehung bezieht.

Adresse Schwanallee 57, 35037 Marburg | **ÖPNV** Busse 1, 2, 3, 4, 7, 27, 383, Haltestelle Frankfurter Straße | **Tipp** Die Konrad-Adenauer-Brücke, die Verlängerung der Schwanallee, wurde im Juni 1969 nach zweijähriger Bauzeit eröffnet. Damals läutete die Brücke eine »neue Verkehrsepoche« ein, weil sie den Verkehrsfluss durch die Stadt optimierte.

57 Das Kaléko-Wohnhaus

Dichterin auf der Durchreise

Golda Malka Aufen (1907–1975), später bekannt unter dem Namen Mascha Kaléko, wurde am Rand der ehemaligen Donaumonarchie als uneheliche Tochter einer österreichischen Mutter und eines russischen Vaters geboren. Als 1914 der Erste Weltkrieg begann, zog Mascha mit ihrer Mutter und der Schwester Lea aus Angst vor Pogromen gegen Juden nach Frankfurt, wo sie die Volksschule besuchte. Ihr Vater Fischel Engel wohnte im Jahr 1916 bereits in der Marburger Untergasse 17 zur Miete, in einem der sieben »Ghettohäuser« der Stadt. Hier betrieb die Familie Katz im Vorderhaus eine jüdische Metzgerei. Als Kaufmann Fischel seine Familie 1917 nachholte, bezogen sie für ein Jahr ein Haus in der Wilhelmstraße 8a. Dort prangt heute eine Tafel zu Ehren der Dichterin, die später über Berlin in die USA emigrierte und mit ihren Werken weltberühmt wurde.

In Kalékos Texten über ihre Kindheit – beispielsweise in dem Gedicht »Die frühen Jahre« – dominieren Gefühle der Heimatlosigkeit und Verlorenheit, die sie später auch mit der stetigen Abwesenheit des Vaters begründete: »Mein meistgesprochenes Wort als Kind war ›Nein‹. [...] Ich möchte nicht mein Kind gewesen sein.«

Drei Ortswechsel in zehn Jahren hinterließen offenbar Spuren an dem sensiblen Kind, das in Zeiten des Krieges keine Möglichkeit bekam, an einem Ort Wurzeln zu schlagen. Obwohl sie nach ihrem Wegzug aus Marburg zeitlebens in Städten wie Berlin, New York und zuletzt Zürich wohnte, vermisste sie wohl immer mal wieder eine gewisse Ruhe und Beschaulichkeit in ihrem turbulenten Dasein. So erzählt sie in dem Gedicht »Sehnsucht nach einer kleinen Stadt« von einem alten Marktplatz in der Mitte und vom Echo, das die Schritte auf den Pflastersteinen hinterlassen – so »als mache das Jahrhundert eine Pause«. Und so, wie sie es als junges Mädchen in ihrer Marburger Zeit vielleicht selbst erlebt hat.

Adresse Wilhelmstraße 8a, 35037 Marburg | ÖPNV Busse 1, 4, 5, 7, 10, 27, 383, Haltestelle Gutenbergstraße | Tipp Nur ein paar Häuser weiter, in der Wilhelmstraße 19, lebte die Volkskundlerin Ingeborg Weber-Kellermann seit 1981 bis zu ihrem Tod im Juni 1993. Als Professorin beschäftigte sie sich vor allem mit Kindheits- und Familienforschung.

58 Das Kameramuseum

Filmvorführung im Stehkino

Für seinen ersten Film »Außer Atem« ging Jean-Luc Godard mit der Kamera direkt hinein ins sommerliche Paris des Jahres 1959, um den Zuschauern das Gefühl zu vermitteln, mittendrin und ganz dabei zu sein. Dass die Dialoge, der Verkehrslärm und die Musik nachträglich eingefügt wurden, ist schlicht und ergreifend der Tatsache geschuldet, dass die Kamerageräusche damals noch zu laut waren. Die meisten Szenen wurden mit einer Éclair Cameflex aus dem Jahr 1946 gedreht, von der ein Modell im Marburger Kameramuseum zu sehen ist. Godards Nachfolgekamera, vom Filmemacher selbst mit einem speziellen Holzgriff entwickelt, steht daneben. Alle Objekte sind hier genauestens beschriftet, und viele Regale sind mit Hintergrundinformationen zu den Herstellerfirmen versehen.

Der Filmwissenschaftler und Kameramann Günter Giesenfeld hat die rund 300 Kameras in seinem privaten Kameramuseum Am Grün in einer Zeit großer medialer Veränderungen gesammelt und der Öffentlichkeit zugänglich gemacht. Angefangen hat dessen Sammelleidenschaft bereits Anfang der 70er Jahre, als der heute emeritierte Professor der Medienwissenschaft an der Marburger Philipps-Universität auf die Debrie Parvo stieß – jene Kamera, mit der in Europa die meisten Stummfilme gedreht wurden. Den frankophilen Filmwissenschaftler führten zahlreiche Reisen nach Kambodscha, Laos und Vietnam – und immer hatte er mindestens eine Kamera im Gepäck. Auch diese Stücke werden mit viel Liebe zum Detail im Museum präsentiert.

Seit 2018 kann man an regelmäßig stattfindenden Führungen teilnehmen und sonntags sogar zu Vorführungen seltener Filmklassiker kommen. Das »Stehkino« um 17 Uhr hat sich unter Filmfans bereits etabliert und bietet genug Stoff, um auch danach noch zu fachsimpeln – über kleine handliche Normal-8-Kameras für den Urlaubsfilm bis hin zu großen 16-Millimeter-Kameras für Profis.

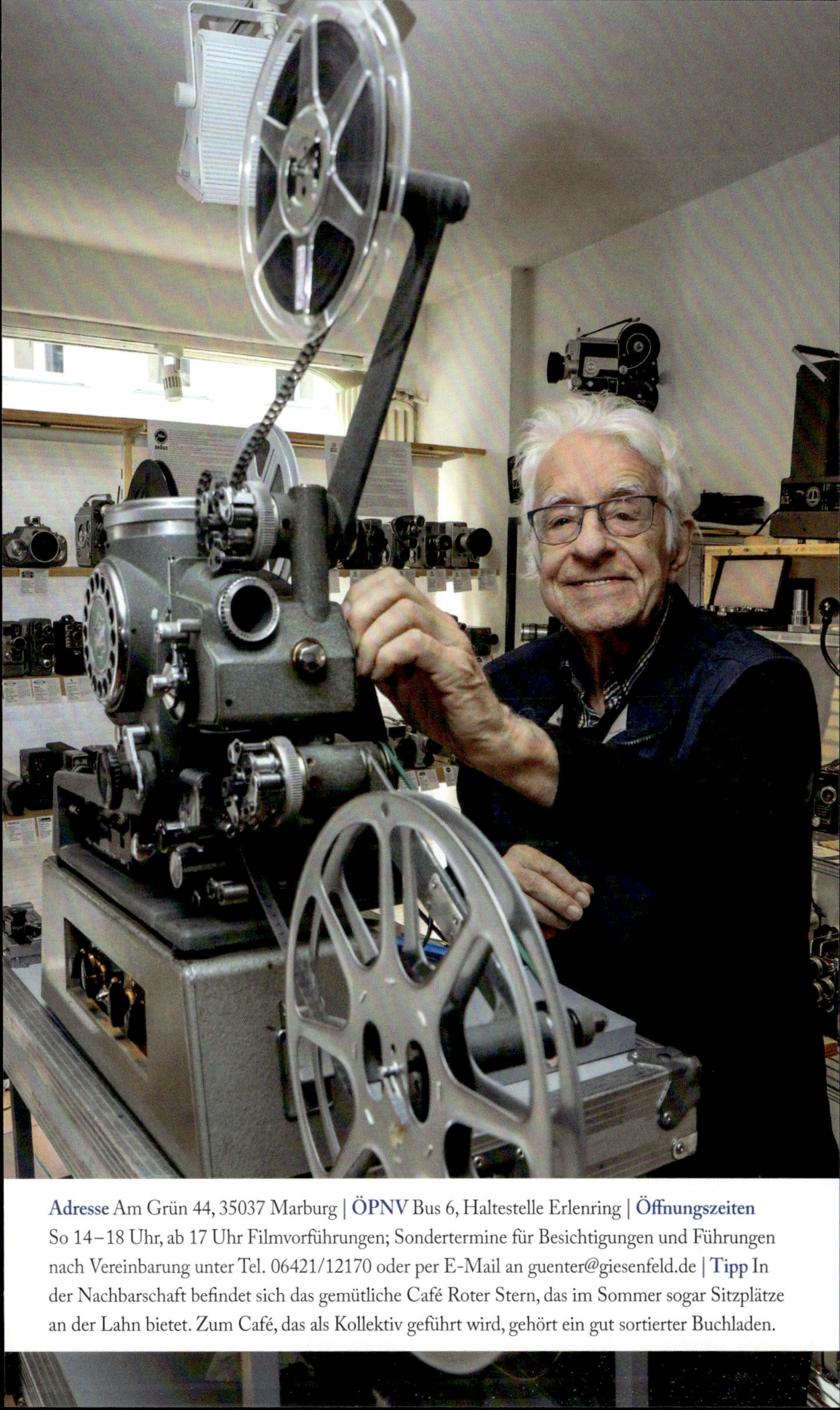

Adresse Am Grün 44, 35037 Marburg | **ÖPNV** Bus 6, Haltestelle Erlenring | **Öffnungszeiten** So 14–18 Uhr, ab 17 Uhr Filmvorführungen; Sondertermine für Besichtigungen und Führungen nach Vereinbarung unter Tel. 06421/12170 oder per E-Mail an guenter@giesenfeld.de | **Tipp** In der Nachbarschaft befindet sich das gemütliche Café Roter Stern, das im Sommer sogar Sitzplätze an der Lahn bietet. Zum Café, das als Kollektiv geführt wird, gehört ein gut sortierter Buchladen.

59_Die Kapelle Niedereisenhausen

Perle im Landkreis

Die erste Etappe des Jakobswegs von Marburg nach Köln endet in Steffenberg-Niedereisenhausen, wo sich eine alte Kapelle am Wegesrand befindet. Wohl wegen der Nähe zu dem Fluss Perf entstand hier bereits im 12. Jahrhundert eine kleine Saalkirche mit einem Bruchstein-Erdgeschoss, das noch viel älter zu sein scheint. Der mittelalterliche Altar, doppelstöckige Emporen und eine barocke Kanzel haben sich trotz der vielen Unwetterkatastrophen, Blitzeinschläge und Kriege über all die Jahrhunderte erhalten. Seit 1668 feiert man hier am 25. Juli, dem Festtag des heiligen Jakobus, einen Gottesdienst – einem Gelübde der Niedereisenhausener nach einem überstandenen Unwetter Folge leistend.

Zunächst überließ man das Gotteshaus lange Zeit sich selbst. Als die Kirche im Laufe der Jahre immer maroder wurde, sollte sie abgerissen werden. Zum Glück fehlte dafür zeitweise das Geld, bis die Gemeinde es nicht mehr tragen konnte. Auf ein Wunder hoffte man – trotz der Nähe zu Gott – vergebens. Und so erwarb im Jahr 1980 der Marburger Förderkreis Alte Kirchen e.V. das alte Gebäude und begann mit der baulichen Erhaltung. 2016 wurde der Verein Niedereisenhausen Dorf(er)leben e.V. Eigentümer der alten Kapelle und ließ sie mit Herzblut und viel Liebe zum Detail restaurieren. Im Jahr 2017 gab es sogar den Hessischen Denkmalschutzpreis für die fachlich hervorragende Sanierung.

Zusätzlich zu der historischen Bronzeglocke aus dem 17. Jahrhundert, die von Hand geläutet wird, existiert seit 2003 ein elektrisches Läutwerk für die beiden Stahlglocken. Davon profitieren jetzt auch die zahlreichen Jakobsweg-Pilger, für die selbstverständlich ein Pilgerstempel parat liegt und ein QR-Code, der einen digitalen Rundgang durch das Gebäude ermöglicht. Pilgern im 21. Jahrhundert.

Adresse Schelde-Lahn-Straße 69, 35239 Steffenberg-Niedereisenhausen, www.altekirche-niedereisenhausen.de | **ÖPNV** Bus 481, Haltestelle Dautphetal-Friedensdorf, dann Bus 51 nach Steffenberg-Niedereisenhausen | **Tipp** Direkt gegenüber der Kapelle steht das Backhaus, das 1720 als Gemeinschaftsbackhaus errichtet wurde und wegen seines markanten, dreifach abgestuften Daches ins Auge fällt.

60 Der Kerner

Begegnungszentrum mit gruseliger Geschichte

Das Interkulturelle Begegnungszentrum Kerner der Lutherischen Pfarrkirche St. Marien in Marburg steckt heutzutage voller Leben. Das war nicht immer so, denn der Name Kerner kommt aus dem Lateinischen und bedeutet nichts anderes als »Beinhaus«. Das Ursprungsgebäude, eine Kapelle, von der nur noch das gotische Untergeschoss mit den Bleiglasfenstern erhalten ist, stammt aus dem 13. Jahrhundert. Schließlich nutzte man den massiven Bau jahrhundertelang als Sammelstelle für die Knochen des angrenzenden Friedhofs, auf dem Platz für weitere Bestattungen geschaffen werden musste. Ein Gerücht besagt, man habe die Gebeine in steinernen Behältnissen gelagert und, als diese voll gewesen seien, die Knochen einfach wieder an den Rand des Friedhofs geschüttet. Das muss eine schöne Überraschung gewesen sein, als man beim Bau des Philipp-Melanchthon-Hauses im Jahr 1825 einen großen Berg alter Knochen fand, die man dann selbstverständlich ordentlich bestattete.

Bis das Rathaus am Marktplatz in den Jahren 1512 bis 1527 errichtet wurde, war der Kerner über 100 Jahre lang Sitz der Ratsherren und Ort für Armenspeisungen. Im 17. Jahrhundert wurde das Gebäude vollständig von der Lutherischen Kirchengemeinde übernommen. Die war es auch, die die Idee eines Internationalen Begegnungszentrums mit dem Namen »Netzwerk Kerner« umsetzte, das nach einer kurzen Renovierungsphase mit regelmäßigen Diskussionsrunden, einem sonntäglichen Begegnungscafé und der Reihe »Kunst im Kerner« startete.

Beibehalten wird ein neues Format, das sich in der Umbauphase während der Coronapandemie etabliert hat, als man auf Open-Air-Veranstaltungen angewiesen war: Kerners Corner. Hier kann sich jeder Bürger mit einem Mikrofon Gehör verschaffen und über ein Thema sprechen, das ihn bewegt. Eins ist klar: Sobald hier auch noch das geplante Haus der Nachhaltigkeit entsteht, ist es mit der (Toten-) Ruhe endgültig vorbei.

Adresse Lutherischer Pfarrhof 3, 35037 Marburg | ÖPNV Bus 10, Haltestelle Sybelstraße oder Am Plan | Öffnungszeiten bei Veranstaltungen zugänglich; Begegnungscafé So 11–14 Uhr | Tipp Der schiefe Turm der Lutherischen Pfarrkirche aus dem Jahr 1473 ist eher unfreiwillig zu einem Markenzeichen von Marburg geworden. Weil die Balken, die man beim Bau benutzte, noch zu feucht gewesen waren, haben sie sich auf der Seite verzogen, auf die meistens die Sonne scheint.

61 Die Kirschblüte

Hanami in der Stresemannstraße

Das Wort »Hanami« ist japanisch und bedeutet schlicht und einfach den Vorgang des Blütenbetrachtens. Und das wird – mal mehr, mal weniger feierlich – inzwischen weltweit zelebriert. Auch im Marburger Südviertel drängen sich Ende April die Fotografen, um mit ihren Teleobjektiven unter größten Verrenkungen ein perfektes Foto von der Pracht in Weiß, Rosa und Pink zu schießen. Frischverliebten reicht es häufig aus, ein Selfie unter dem wunderbaren Baldachin zu knipsen. Und Kinder flechten die Blüten gern mal ins Haar – die perfekte Kulisse also für alle, die dem Winter endgültig Ade sagen wollen.

Ein Teil der Bäume stammt vom ehemaligen japanischen Generalkonsul Dr. Tadao Araki, der anlässlich der Japan-Woche 1989 an seinen alten Studienort zurückkehrte und ihm 200 junge Kirschbäume spendete. Das Kirschblütenfest läutet traditionell den Frühling ein. Doch so schnell die Prunus serrulata erblüht, so schnell rieseln dann auch schon wieder verwelkte braune Blüten auf den grauen Asphalt. Nach zehn Tagen ist der Zauber in der Marburger Stresemannstraße wieder vorbei.

Der städtische Baumbestand umfasst insgesamt rund 15.300 weitere Bäume, die mehr als 50 unterschiedlichen Arten angehören. Diese säumen die zentralen Straßen- und Radwege und sorgen für ein besseres Klima in der von mehreren Hügeln umsäumten Stadt. Marburgs Südviertel gilt als besonders artenreiches Terrain, hier hat jede Straße ihre eigene Baumart – genau genommen sind es elf an der Zahl, die es neben der Kirschblüte zu entdecken gilt.

Wer es im Frühjahr nicht zur Marburger Kirschblüte geschafft hat, der hat im Herbst noch eine Chance auf ein grandioses Farbenspiel: die Rot-Ahorn-Bäume in der Universitätsstraße präsentieren ein Orange, Braun und Rot vom Feinsten! Oder man zieht weiter: Im Schlossgarten von Schwetzingen blühen ebenfalls jedes Jahr die Kirschbäume.

Adresse Stresemannstraße, 35037 Marburg | ÖPNV Busse 1, 2, 4, 5, 7, 20, Haltestelle Wilhelmsplatz | Tipp Ganz in der Nähe, in der Haspelstraße 21, befindet sich die Konditorei Klingelhöfer, die neben Kuchen, Torten und Pralinen auch eigene Schokolade herstellt. Das Café lädt – im Sommer sogar mit einem Außensitz – zum Verweilen ein.

62 Die Kugelkirche

Marburgs blumigstes Gewölbe

Um die Kugelkirche in der Marburger Oberstadt ranken sich viele Geschichten. Was, wenn uns die kleine Fledermaus-Figur, die links mittig an der Wand über den Sitzbänken angebracht ist, verraten könnte, was sich in dem alten Gemäuer tatsächlich zugetragen hat? Stattdessen hält sich das drollige Tierchen aus Stein mit den Füßen die Nase zu! Aber eins steht fest: Zu einer Zeit, als man mit »Gugel« noch eine spezielle Kopfbedeckung meinte, siedelten sich auf Einladung des einflussreichen Ratsherrn Heinrich Imhoff und seiner Frau die Männer der »Gemeinschaft vom gemeinsamen Leben« in Marburg an und bauten an dieser Stelle um 1500 eine Sakristei mit sieben Stockwerken, eine dazugehörige Schule und eine Kirche. Dank ihrer langen Zipfelmützen wurden die Anhänger der Glaubensgemeinschaft als »Gugelherren« bezeichnet – so kam auch die Kugelkirche zu ihrem Namen.

Obwohl der Raum, der zeitweise auch als Hörsaal der Theologischen Fakultät herhalten musste, auf den ersten Blick eher klein und dunkel erscheint, kann man bei genauerem Hinsehen das beeindruckende, in hellen Farben gezeichnete Deckenornament entdecken. Hier ranken sich neben Disteln und Glockenblumen auch filigrane Weinreben, keine Darstellung scheint wie die andere, jede einzelne wurde detailverliebter als die vorherige in Szene gesetzt. Dabei ist unklar, ob sich die naturgetreuen Malereien tatsächlich seit dem frühen 16. Jahrhundert gehalten haben oder doch erst nach der großen Renovierung der Kirche im Jahr 1899 hinzugefügt wurden, als auch der Flügelaltar von Caspar Weiss angeschafft wurde. Damals verlegte man angeblich auch kleine bunte Keramik-Bodenplättchen, die 1967 wieder entfernt wurden. Dass man die alten Fliesen gut erhalten jetzt plötzlich im Keller der Kirche bergen konnte, ist der Beweis: Die kleine Fledermaus muss doch geplaudert haben. Obwohl sie immer so unnahbar tut.

Adresse Kugelgasse 8, 35037 Marburg | **ÖPNV** Bus 10, Haltestelle Marburg Markt | **Öffnungszeiten** täglich 8–12 und 13.30–17.30 Uhr | **Tipp** Der Rundturm des Nachbargebäudes ist ein Relikt des 1492 gegründeten Klosters des Kugelherrenordens. In dem Gebäude befand sich lange Jahre die Völkerkundliche Sammlung der Universität, die heutige Ethnographische Sammlung.

63 Die Lahnziege

Gut gebrüllt, Löwe!

Der letzte Umzug ist schon zehn Jahre her. Langsam müsste sich der steinerne Löwe vor dem Audimax wohl heimisch fühlen. Dreimal musste das Denkmal zu Ehren der 587 im Ersten Weltkrieg gefallenen Studierenden und Angestellten der Philipps-Universität schon seinen angestammten Platz wechseln – irgendwie stand das im Volksmund als »Lahnziege« betitelte Monument offenbar immer im Weg.

Als das Denkmal am 29. Juli 1927 im Rahmen der 400-Jahr-Feier der Philipps-Universität auf dem Rudolphsplatz mit dem Aufmarsch der Reichswehrkapelle und der gesamten Studentenschaft eingeweiht wurde, läutete das zunächst den Höhepunkt eines dreitägiges Volksfestes ein. Dass »der Löwe nicht primär ein Mahnmal der Trauer sei, sondern ein Aufruf zur bejahende[n] Tat«, erwähnte der damalige Marburger Oberbürgermeister Johannes Müller vor der riesigen Festgemeinde. »Erst das Vaterland und dann der Einzelne.« Ganz langsam ließ man die Hüllen fallen, um den Marburger Bürgern das Denkmal zu präsentieren, das der Künstler Will Lammert auf einem besonders hohen Sockel platziert hatte. Der Ort, ganz in Lahn-Nähe gelegen, galt alsbald als beliebter Treffpunkt für Verliebte.

Im Rahmen der Umgestaltung des Platzes entfernte man das Denkmal im Jahr 1973, um es erst drei Jahre später vor der Stadthalle wieder aufzustellen – diesmal ohne Inschrift und mit einem wesentlich kleineren Sockel. Erst 1980 wurden zwei Tafeln ergänzt, die Auskunft gaben über den Sinn des Mahnmals. »Ihren Toten aus zwei Weltkriegen zum Gedenken. Die Philipps-Universität.« Inzwischen hatte man sich also dazu durchgerungen, gleich zwei Kriege mit ein und demselben Denkmal zu würdigen.

Beim Umbau der Stadthalle zog der Muschelkalk-Löwe schließlich rüber auf die andere Straßenseite in Audimax-Nähe, wo er gut hinpasst. Immerhin wurde er ja auch von den Mitgliedern der Philipps-Universität finanziert.

Adresse Biegenstraße 14, 35037 Marburg | **ÖPNV** Busse 3, 5, 6, 7, 27, 383, Haltestelle Erwin-Piscator-Haus | **Tipp** Wo heute an der Ecke Gutenbergstraße/Universitätsstraße eine Mall mit Hotel steht, befand sich ehemals das Gymnasium Philippinum, das 1973/74 dem Horten-Konzern weichen musste. Bereits 1981 wurde die Filiale wieder geschlossen.

64 Das Lange-Wohnhaus

Der Retter der Elisabethkirche

Als Friedrich Lange (1811–1870) im Jahr 1851 als außerordentlicher Professor an die Philipps-Universität Marburg berufen wurde, hatte er als Lehrer und Architekt bereits Stationen in Kassel, Göttingen, Fulda und Düsseldorf hinter sich, und sein Ruf als Kenner mittelalterlicher Architektur eilte ihm voraus. So machte er sich auch in Marburg um den Bau der Chirurgischen Klinik (1853–1858), des Wohnhauses von Carl Grimm in der Ritterstraße (1861) und vor allem um die Restaurierung der Elisabethkirche (1854–1861) verdient. Letztere stand dringend an, weil die Ketzerbachüberflutung am 3. August 1847 massive Schäden hinterlassen hatte. Nach einem extremen Wolkenbruch waren an dem Tag die Wassermassen in die Mauer der Elisabethkirche eingedrungen und hatten den Fußboden aufgerissen, das Innere der Kirche verwüstet und die Gräber zerstört, die rund um die Kirche angelegt waren. Für Lange war die Instandsetzung der Elisabethkirche ein Lebenswerk, die akribisch betrieben wurde. Für die Fenstersanierung durch den Glasermeister Carl Schultz ließ sich Lange eigens einen Schmelzofen bauen.

Gemeinsam mit seiner Frau Johanna mietete er das erste Obergeschoss eines Hauses in der Ketzerbach 61, in dem im Erdgeschoss seit 1843 der Anatomieprofessor Ludwig Fick lebte. In dem Gebäude, dessen Stuckverzierungen im Treppenhaus noch erhalten sind, starb er am 1. September 1870 nach langer Krankheit, kurz zuvor war er noch zum ordentlichen Professor befördert worden.

Seit 1959 prangte an seinem Wohnort eine einfache Steintafel, fünf Jahre später wurde eine Marmortafel angebracht, die seit der Renovierung des Hauses 2010 spurlos verschwunden ist. Darauf stand: »Hier wohnte bis zu seinem Tode Professor Friedrich Lange, Restaurator der St. Elisabeth-Kirche, Schöpfer der Ketzerbachüberwölbung von 1859. Die dankbaren Ketzerbächer 1964.« Also auf weiterhin gute Nachbarschaft!

Adresse Ketzerbach 61, 35037 Marburg | ÖPNV Busse 5, 14, Haltestelle Wilhelm-Roser-Straße | Tipp Das lange, künstliche Wasserband aus Betonbecken, das an den Bachlauf des Ketzerbaches erinnern soll, der hier unterirdisch verläuft, zieht sich heute durch die gesamte Mitte der gleichnamigen Straße. Die Anlage ist wegen ihrer hohen Strom- und Wasserkosten recht umstritten.

65_Das Lichtkunstherz

Geburtstagsparty für Elisabeth

Die ungarische Prinzessin Elisabeth, die spätere Landgräfin von Thüringen und Hessen, wird am 7. Juli 1207 in Pressburg geboren. Bereits als Kleinkind wird sie Hermann von Thüringen versprochen und mit einer hohen Mitgift an seinen Hof gebracht. Wie und ob sie ihren Geburtstag alljährlich begangen hat, ist nicht überliefert, obwohl es in Adelskreisen üblich war, nicht nur den Namenstag, sondern auch den Jahrestag der Geburt zu feiern. Jedenfalls erinnert man sich in Marburg auch heute noch gern an den Tag, an dem die Frau, der die Stadt so viel zu verdanken hat, das Licht der Welt erblickte. Schließlich ist Elisabeth nicht ganz unschuldig daran, dass Marburg im Mittelalter zu einem populären Wallfahrtsort wurde.

Apropos Licht: Der Fachdienst Kultur kam anlässlich des Elisabethjahrs 2007 auf die Idee, am 1890 errichteten Kaiser-Wilhelm-Turm, kurz Spiegelslust genannt, ein Kunstwerk mit Leuchtkraft anzubringen. Und weil Elisabeth ein großes Herz hatte, entschied man sich für ein Herz-Motiv. In Anlehnung an Elemente, die man auch in den Türen der Elisabethkirche findet, schmiedete die Künstlerin Helmi Ohlhagen ein gotisches Herz, aus dem eine Efeuranke wächst – als Zeichen des ewigen Lebens. Selbst das Rot entspricht der Farbe des Hauptportals der Kirche, in der die später heiliggesprochene Adlige auch beerdigt wurde.

Übrigens kann man das Herz in der Abenddämmerung auch selbst zum Leuchten bringen. Dafür muss man nur den Berg »Köhlers Ruhe« erklimmen, von wo aus man eine grandiose Aussicht hat. Am Spiegelslust-Turm steht auf einer Infotafel die kostenfreie Telefonnummer. Wählt man die in der Abenddämmerung, ist das leuchtende Herz von vielen Punkten der Stadt aus sichtbar. Das Kunstwerk heißt übrigens in Anlehnung an Elisabeths Geburtsdatum »Siebensiebenzwölfnullsieben«. Ein guter Trick, um sich das Datum besser merken zu können.

Adresse Kaiser-Wilhelm-Turm, Hermann-Bauer-Weg 2, 35043 Marburg, Tel. 06421/590469, www.spiegelslustturm.de | ÖPNV Busse 2, 11, 27, 75, Haltestelle Universitätsklinikum, von dort circa 15 Minuten zu Fuß | Öffnungszeiten immer zugänglich | Tipp Der gemeinnützige Verein MObiLO e. V. betreibt ein Café im Turm und bei gutem Wetter auch auf der Außenterrasse, außerdem finden hier regelmäßig Ausstellungen und Konzerte statt.

66 Das Lomonossow-Denkmal

Universalgelehrter mit (fast) weißer Weste

Hat die Venus eine Atmosphäre? Besitzt Quecksilber einen Gefrierpunkt? Wie kann man den Schiffsverkehr vor den verhängnisvollen Eisbergen schützen? Besteht ein Zusammenhang zwischen Polarlichtern und der elektrischen Ladung der Erde? Michail Wassiljewitsch Lomonossow beschäftigten diese Fragen offenbar schon sehr früh. Der Sohn eines Fischers verließ seine Heimat, um sich – als Adliger getarnt – umfassend fortzubilden. Auf seiner Reise kam er am 3. November 1736 auch nach Marburg und bezog für drei Jahre ein Zimmer im ersten Stock des Hauses Wendelgasse 2, in dem heute mehrere Wohngemeinschaften leben.

Das zwei Meter hohe Denkmal aus Bronze, das anlässlich seines 300. Geburtstags angefertigt wurde, wurde am Eingang des 2012 erbauten Studentendorfes aufgestellt. Vielleicht auch deshalb, weil der Universalgelehrte seit jeher als Vorbild für diejenigen galt, die aus einfachen Verhältnissen stammten und dennoch eine wissenschaftliche Karriere anstrebten.

Das Geschenk der Lomonossow-Schule in Moskau an die Stadt Marburg, die Universität und das Studentenwerk wurde von dem Künstler A. J. Orlov geschaffen, der seiner Statue den Titel »Der junge Lomonossow, die Moskauer Universität auf seiner Hand tragend« gab. Sicher auch, weil für den damals jungen Wissenschaftler die Marburger Jahre die Basis für die spätere Gründung der Moskauer Universität legten.

Dass er sich neben dem Studium der Philosophie, Mathematik, Chemie und Physik bei dem renommierten Professor Christian Wolff auch für das weibliche Geschlecht interessierte, war nie ein Geheimnis. Als Elisabeth Christine Zülch, die unverheiratete Tochter seines Vermieters, von ihm schwanger wurde, hatte er Marburg zwar eigentlich schon verlassen. Er heiratete sie erst ein Jahr später.

Adresse Geschwister-Scholl-Straße 13, 35039 Marburg | ÖPNV Busse 2, 27, 75, Haltestelle Studentendorf | Tipp Auf dem Gelände des Studentendorfes befindet sich auch das Max-Kade-Zentrum, das den Austausch unter jungen Menschen verschiedener Nationen fördert.

67__Das Löwen-Relief

Schmuck am Haus der Romantik

Als Ende der 60er Jahre ein Gutachten bescheinigte, dass knapp die Hälfte aller Häuser in der Oberstadt abrissbedürftig und die anderen nur mit erheblichem Aufwand zu renovieren seien, war der Magistrat bereits drauf und dran, der Empfehlung Folge zu leisten. Zum Glück regte sich in der Bevölkerung massiver Widerstand, und die Abrissgutachten landeten unter Bürgermeister Hanno Drechsler (1931–2003) im Müll. Gegen den damals bundesweiten Trend wurde gemeinsam mit den Eigentümern ein Konzept entwickelt, das eine große Altstadtsanierung zur Folge hatte. Kaum auszudenken, wie sich das heutige Stadtbild ohne seine teils schiefen bunten Fachwerkhäuser und die engen Pflasterstein-Gassen präsentieren würde.

Zunächst wurden die Häuser in der Hofstatt 1a und in der Reitgasse 10 »gerettet«, dann folgten die Gebäude Markt 21 und 23, schließlich kam das Haus am Markt 16 an die Reihe. Hier hatte man bereits in den 50er Jahren den Putz entfernt und darunter eine erstaunliche Entdeckung gemacht: eine reich geschmückte Fassade mit einem großen Eingangsportal und einem Giebel. Wohl um 1750 verputzt, konnte man nun wieder Rückschlüsse auf die damaligen Besitzer ziehen. Das Wappenfeld über dem Portal zeigt zwei Löwen, die die Wappen der Familie Hamer und Deinhardt tragen. Erkennen kann man auch die Inschrift »HH« für Helferich Hamer und »DD« für Dorothea Deinhardt. Die römische Zahl MDCLXXV (1675) deutet auf das Baujahr des Hauses hin. Um die Fenster herum goldene Sonnenräder – eine besonders reich geschmückte, ungewöhnliche Arbeit, die das Gebäude von allen anderen am Markt unterscheidet.

Das sogenannte Löwenhaus beherbergt seit 2001 das Haus der Romantik, ein kleines Museum, das es sich zur Aufgabe gemacht hat, das Andenken des Romantikerkreises um Clemens Brentano aufrechtzuerhalten. Die dürften es jedoch noch ohne das Löwen-Relief gekannt haben.

Adresse Markt 16, 35037 Marburg | ÖPNV Bus 10, Haltestelle Marburg Markt | Öffnungszeiten Di–So 11–13 und 14–17 Uhr | Tipp Besonders romantisch sind die Hochzeiten, die im Trauzimmer des Steinernen Hauses am Markt 18 stattfinden. Die Termine sind sehr begehrt und müssen mit viel zeitlichem Vorlauf beim Standesamt angemeldet werden.

68 Das MaGic Tales

Stadtwerke goes Graffity

Immer auf dem Sprung – das trifft sowohl auf den Künstler WK Interact als auch auf seine Motive zu. 1969 in Frankreich geboren, lebt er seit vielen Jahren in New York und zählt zu den Pionieren der Street-Art-Szene weltweit. Auf Einladung des Gießener Künstlerkollektivs 3Steps und des Marburger Jugendkulturprojekts Lahnkultur hat er im Jahr 2019 im Rahmen des Projekts »MaGic Tales – Lahnkultur meets River Tales« nun auch in Marburg Station gemacht, um – dank einer nennenswerten Landesförderung – die Fassade der neuen Heizzentrale der Stadtwerke am Ortenberg zu gestalten. Seither prangt auf dem weißen Kubus, der zwei moderne Blockheizwerke beherbergt, ein schwarz-weißes Graffiti, wie es typisch ist für den weit gereisten Künstler: Es stellt einen Mann dar, dessen Bewegung im Sprung eingefroren zu sein scheint.

Die Liaison zwischen Energieversorgern und Street-Art ist nicht neu, wie man an Objekten in Sindelfingen, Soest oder auch Fürstenfeldbruck sehen kann. Auch dort haben sich Künstler in den letzten Jahren darangemacht, das Erscheinungsbild dieser doch oft eher langweiligen Gebäude aufzuhübschen – sicher auch mit dem Hintergedanken, den Ehrenkodex der Sprayer zu retten, indem man zeigt, dass man viel mehr draufhat als nur wilde Schmierereien.

Übrigens haben mehr als 20 Studierende des Instituts für Bildende Kunst der Marburger Uni sowie ein Team von Lahnkultur und 3Steps geholfen, die Farbe auf die Wand zu bekommen. Hintergrund: Die 25 Kilometer voneinander entfernt liegenden Städte Marburg und Gießen mit gemeinsamer Universität versuchen seit Jahren, mit Projekten wie dem Festival »River Tales« und einem vielfältigen Programm aus Street-Art, Graffiti, Breakdance und Jugendkultur mehr Zusammenhalt und – nach eigener Aussage – »Magie« zu generieren. Außerdem hatte WK Interact auch nicht ewig Zeit: Er war schon wieder auf dem Sprung nach New York, Rio, Tokio.

Adresse Heizkraftwerk am Ortenberg, Rudolf-Bultmann-Straße 2a, 35039 Marburg | **ÖPNV** Bus 76, Haltestelle Ludwig-Schüler-Park | **Tipp** Mit Hilfe des Architekten Bernward Paulick wird aus dem historischen Lokschuppen auf dem Gelände ein gleichnamiges Zentrum mit Co-Working-Space, Restaurants, Tagungsräumen und einem Hotel.

69 Das Mahnmal im Wald

Der rätselhafte Tod des Konrad Dittmar von Wehrda

Kreuze und Gedenksteine am Wegesrand sind oft stumme Zeugen von Gräueltaten, die in vergangenen Zeiten geschahen. Einer dieser Zeugen, der nördlich der Elsenhöhe zwischen dem Behring-Mausoleum und dem sogenannten Teufelsgraben zu finden ist, ist besonders groß ausgefallen. Als wollte er den Spaziergängern mitteilen, dass hier etwas wahrhaft Großes passiert ist, wobei man den Kindern die gruselige Geschichte um den verwitterten Stein gern auch mal verheimlicht. Tritt man näher an ihn heran, fällt eine Inschrift ins Auge: »Hier starb plötzlich Konrad Dittmar von Wehrda durch Schussentladung des Gewehrs eines Jagdgenossen am 3. Januar 1897.«

Das Gelände gehörte damals zur Gemarkung Wehrda, weshalb sich hier an besagtem Januarmorgen eine Jagdgesellschaft aus Wehrda niedergelassen haben soll, um am wärmenden Feuer gemeinsam zu frühstücken. Damals war diese Stelle noch nicht gänzlich von Wald umschlossen, die Männer hatten eine gute Sicht auf die Lichtung – ein ideales Jagdrevier also. Da muss sich bei einem der Männer ein Schuss gelöst haben, der Konrad Dittmar von Wehrda tödlich traf. Um das grausame Ereignis rankten sich schon bald üble Verdächtigungen. Hat der Täter wohl mit voller Absicht gehandelt? Stand eine Frau zwischen den beiden Männern? Vielleicht waren sie ja doch Konkurrenten und bis aufs Blut zerstritten? Die Nachkommen von Konrad werden nie Gewissheit darüber haben, was sich damals tatsächlich abgespielt hat.

In Vergessenheit geraten wird die Geschichte dank des Monuments jedoch nicht. Obwohl der Stein im Laufe der Jahrzehnte schon mehrmals umgestürzt ist, ließ ihn die Gemeinschaft Wehrdaer Waldinteressenten mit einem Stift tief in der Erde verankern. Übrigens: Heutzutage ist das riesige Waldgebiet kein Jagdrevier mehr. Und das Herumfuchteln mit einer geladenen Waffe ist natürlich auch nicht mehr erlaubt. Das Terrain ist also sicher.

Adresse nördlich der Elsenhöhe, 35037 Marburg | ÖPNV Busse 5, 14, 15, Haltestelle Marbach-Kreutzacker, von dort circa 15 Minuten zu Fuß | Tipp Südwestlich des Stadtteils Wehrda erstreckt sich der Teufelsgraben, ein kaum erschlossenes und daher uriges Naturschutzgebiet, in dem sich seltene Tier- und Pflanzenarten ansiedeln konnten. Der offizielle Wanderweg am südlichen Rand ist begehbar und bietet immer wieder schöne Ausblicke auf ein Stück unberührte Natur.

70 Der Manesse Hoop

Kleinod mit jüdischer Geschichte

Honda und Wolle ahnen nicht, auf welchem besonderen Stückchen Erde sie zu Hause sind. Die beiden Schafe freuen sich einfach über das saftige Gras, den schmackhaften Sauerampfer und den köstlichen Spitzwegerich, der in Hülle und Fülle hinter dem schönen Fachwerkgebäude im Herzen des Stadtteils Ockershausen heranwächst, das seit der Übernahme durch das Ehepaar Clement im Jahr 2001 nach und nach behutsam restauriert wurde. Dabei stieß man auf einen 14 Meter tiefen Brunnen hinter dem Haus und auf eine durch einen Vorbau verdeckte Wand mit seltenem Stuppeputz.

Im Jahr 1806 von Abel Lippard erbaut, wurde das Wohnhaus bereits sieben Jahre später an den jüdischen Viehhändler Salomon Jakob Bohley verkauft. Er muss es auch gewesen sein, der im Keller eine private Mikwe aushob, die den bis zu sieben jüdischen Familien des kleinen Dorfes Ockershausen fortan als Tauchbad für rituelle Waschungen diente. Erst vor Kurzem wurde die Mikwe mit den fünf steinernen Stufen, die ihr Wasser – wie der Brauch es vorschreibt – aus dem Grundwasser bezieht, wieder freigelegt. Im Landkreis Marburg-Biedenkopf ist sie die einzig vollständig erhaltene. Ebenfalls erwähnenswert ist die historische Schächtanlage, die zum Töten und Ausbluten der Tiere diente und vom späteren Eigentümer des Hofes in einem neuen Anbau errichtet wurde. Nach ihm wurde der »Manesse Hoop« schließlich auch benannt. Über mehr als ein Jahrhundert bildete dieses Anwesen den Mittelpunkt jüdischen Lebens in Marburg, bis die Familie Stern ihren Wohnsitz im Jahr 1926 verlegte und der Hof von der Gemeinde aufgekauft wurde.

Heute gilt das Anwesen wieder als Treffpunkt für Jung und Alt. In Kooperation mit dem Verein NatUrgrund und dem BUND werden in dem gerade fertiggestellten Nebengebäude regelmäßig Wildkräuterseminare und Obstbestimmungslehrgänge angeboten. Honda und Wolle lieben nämlich Besuch.

Adresse Alte Kirchhofgasse 10, 35037 Marburg, www.manesse-hoop.de | **ÖPNV** Bus 5, Haltestelle Stiftstraße | **Öffnungszeiten** am Tag des offenen Denkmals und nach Absprache | **Tipp** Am Dallesplatz befindet sich der Dorfbrunnen von Ockershausen, Born genannt, der vor 1926/27 für die Wasserversorgung des Stadtteils zuständig war und im Jahr 1986 aufwendig saniert wurde.

71 Die Marbacher Quelle

Wasser für die Stadt

Die Stadt Marburg hat es sich zur Aufgabe gemacht, verstärkt über die Vorteile von Leitungswasser aufzuklären. Eine am Berg liegende Stadt an die Wasserversorgung anzuschließen, war schon für die Menschen im Mittelalter keine leichte Aufgabe. Tiefbrunnen, die wie im Dominikanerkloster oder am Hirschberg bis zum Grundwasser reichten, gab es nur wenige. So begann man im 13. Jahrhundert mit dem Bau einer aus geölten Erlenstämmen bestehenden Wasserleitung von der Marbacher Quelle hinauf in die Stadt. Allein auf dem Weg zum Schloss musste das Wasser 30 Höhenmeter überwinden und 2,5 Kilometer zurücklegen. Obwohl die Haltbarkeit der Rohre immer ein Grund zur Sorge war, sollten die Leitungen – später wurden sie durch gusseiserne Exemplare ersetzt – tatsächlich die nächsten 650 Jahre die wichtigste Trinkwasserzufuhr bleiben. Einerseits konnten sich die Bürger nun aus den Brunnentrögen mit Wasser versorgen, andererseits schleppten sie sich dadurch viele Keime ins Haus. Wurmerkrankungen waren unter anderem die Folge.

Heute ist der Verlauf der historischen Wasserleitung an zwei Stellen durch Plaketten gekennzeichnet, eine befindet sich am Götzenhainweg, eine andere am Marbacher Weg, ganz in der Nähe von Haus Nummer 26. Die Leitungen, die in die Stadt und zum Schloss führten, kreuzten sich hier offenbar, ohne jemals miteinander verbunden gewesen zu sein. Erst als man 1896 den Tiefbrunnen am Schloss reaktivierte, hatte die Marbacher Quelle als Trinkwasserzufuhr für die Marburger ausgedient.

Noch heute gibt es die Brunnenstraße in Marbach, und auch die alte Quelle sprudelt fleißig vor sich hin. Ansonsten verbinden wenige den Stadtteil mit einem Heilkurort, den man noch im 19. Jahrhundert dort etablieren wollte. Aufgrund der zahlreichen Quellen ließ man sogar ein Kurhaus errichten, das jedoch nicht lange genutzt wurde. Und auch das Europabad ist seit vielen Jahren Geschichte.

Adresse Marbacher Weg 26, 35037 Marburg | ÖPNV Bus 5, Haltestelle Wilhelm-Roser-Straße, von dort zu Fuß über Paul-Ehrlich-Weg | Tipp In Marburg gibt es rund 70 Brunnen und Wasserspiele, wovon 16 als offizielle Trinkwasserbrunnen ausgezeichnet wurden, beispielsweise am Heumarkt, unterhalb des Gebäudes an der Barfüßerstraße 50. Marburg ist eine der Kommunen, die sich der Initiative Blue Community angeschlossen haben, die den Zugang zu Wasser als ein Menschenrecht ansieht.

72 Die Marburger Brauerei

Ex und hopp

Im Jahr 2004 war am Pilgrimstein Schluss mit lustig – die dort ansässige Marburger Traditionsbrauerei musste endgültig Insolvenz anmelden. Dabei hatte das im Jahr 1663 gegründete Unternehmen lange als wichtigste Brauerei der Stadt gegolten, schon in Zeiten, als die Brausaison wegen fehlender Kühlmöglichkeiten noch im Oktober begann und im Juni endete und jeder Bürger mal mit Brauen an der Reihe war.

Wo inzwischen die neue Universitätsbibliothek steht, erinnern nur noch das alte Tor und der ehemalige Eiskeller, der gegenüber dem im September 2009 abgerissenen Gebäude wieder zugänglich ist, an vergangene Zeiten. Heute beherbergt er das Café »Q«, in dem auch Konzerte und andere kulturelle Veranstaltungen stattfinden, außerdem kann man von hier aus bei konstanten zehn Grad durch das felsige Höhlenlabyrinth wandern – bis zu 30 Meter unter der Stadt – und sich in frühere Zeiten zurückdenken: Hier unten lagerten der Brauer Carl Bopp und seine Nachfolger schon seit 1858 riesige Eisblöcke aus der zugefrorenen Lahn, um das frisch gebraute Bier zu kühlen.

Bereits Landgraf Philipp war gutes Bier offenbar heilig. Aus seiner Amtszeit sind einige Erlasse bekannt, die die Qualität des Gerstensaftes gewährleisten sollten. »Die Polizei hat darauf zu achten, dass untadelhaftes gutes Malz und kräftiger Hopfen zum Brauen gegeben werden«, schrieb der fürsorgliche Landesvater beispielsweise schon 1539. Da er nur den Städten des Landes das Recht des Bierbrauens einräumte, war man auch in Marburg sehr darauf bedacht, dieses lukrative Privileg nicht zu verlieren. So entstanden immer neue Polizeiverordnungen, die sich mit der Zusammenstellung und dem Ausschank des Gerstensaftes beschäftigten. Zeitweise sollen sogar zwei Ratsherren nur dafür abgestellt worden sein, Kontrollen in »Kellern, bei Bierbrauern und Zapfern« durchzuführen – ein beliebter Job, wie man sich denken kann.

Adresse Q – Café. Club. Kultur., Pilgrimstein 26 – 28, 35037 Marburg, www.q-mr.de | **ÖPNV** Busse 1, 3, 4, 5, 6, 7, 10, 27, 383, Haltestelle Rudolphsplatz | **Öffnungszeiten** Café: Mi, Fr, Sa ohne feste Zeiten; Eiskeller nur nach Absprache, Kontakt über die Website | **Tipp** Die Marburger Biersorten Elbram Gold und Elbram Kupfer sind eine recht neue Erfindung der Firma Elisabeth Brauanlagen Marburg (Elbram), die ursprünglich Großbrauereien mit Equipment belieferte, bevor sie sich aufs Bierbrauen konzentrierte. Im »Bukowski« in der Weidenhäuser Straße bekommt man das Pils frisch vom Fass.

73 Die Marburger Elle

Maß am Markt

Schon immer gab es auf Märkten Diskussionen wegen (falscher) Abmessungen von Waren. So hatte im 19. Jahrhundert jede Stadt ihre eigene Elle. Auch am Marburger Rathaus wurde links vom Haupteingang gleich nach der Fertigstellung des Gebäudes im Jahr 1527 eine solche angebracht, um bei den üblichen Streitereien auf dem Marktplatz für Klarheit zu sorgen: Der Eisenstab war zwei Fuß lang, das entspricht 57,2 Zentimetern, und sollte immer dann zum Zuge kommen, wenn es an den Marktständen Unstimmigkeiten oder einen Verdacht auf Betrug gab. Bereits in der Antike nutzte man die Länge vom Ellenbogen bis zur Mittelfingerspitze zum Abmessen, obwohl die Extremitäten bei Menschen ja nicht immer gleich lang ausfallen. Das wurde dann auch bald zum Problem: Denn während man etwa den Darmstädter Fuß mit 25 Zentimetern bezifferte, war der rheinische Fuß 31,3 Zentimeter lang. Wie sollte man bei diesen Verhältnissen einen gerechten Handel betreiben? Ein einheitliches Maß musste her, so viel stand fest.

Auch heute noch findet man die Elle an ihrem angestammten Platz am Rathaus, wenngleich es sich dabei um eine Nachbildung handelt – offenbar ist die historische Elle bei der Sanierung des Gebäudes verloren gegangen. Trotz der Ablösung durch das genauere Metermaß mit Zentimeter- und Millimetereinteilung haben sich die historischen Maßeinheiten wie Fuß, Elle, Spanne oder Schritt bis heute in unserer Sprache gehalten und finden sich beispielsweise noch in Märchen – »spangenlanger Hansel, nudeldicke Dirn« – oder Sinnsprüchen: »Wächst das Ansehen spannenlang, wächst die Torheit ellenlang.«

In der Geschichte über den Schneider Böck hat Wilhelm Busch der Schneider-Elle ein Denkmal gesetzt: »Schnelle springt er mit der Elle / Über seines Hauses Schwelle.« Dieses Werkzeug gibt es übrigens bis heute – sein Maß beträgt entweder 50 oder 100 Zentimeter.

Adresse Markt 1, 35037 Marburg | ÖPNV Bus 10, Haltestelle Markt | Tipp Zehn damals übliche Arbeitsschuhe bildeten früher die Maßeinheit für eine Rute, mit der die Landvermesser viele Jahrhunderte lang arbeiteten. An der Lutherischen Pfarrkirche – in etwa zwei Metern Höhe – gibt es dazu eine Abbildung, die zwei unterschiedlich große Bauschuhe als Kreise abbildet. Das Kreuz soll das Maß darstellen.

74 Der Marburger Zacken

Ein Kunstmuseum zum Jubiläum

Obwohl das Universitätsgebäude in der Biegenstraße 11 seit seiner Eröffnung im Jahr 1927 schon einige Male seinen Namen wechseln musste, ist es seinem Aussehen in all den Jahrzehnten weitestgehend treu geblieben. So gelang es auch bei der im Jahr 2018 abgeschlossenen Außensanierung, den großen historischen Bestand zu bewahren und defekte Teile originalgetreu nachzubauen. Weil der Innenhof beispielsweise unter Straßenniveau liegt, waren zahlreiche Holztüren nach all den Jahren stark vom Regenwasser angegriffen und von Pilz und Holzfraß betroffen – nicht jedes historische Stück hat das überlebt.

Anlässlich der 400-Jahr-Feier der Philipps-Universität als »Jubiläumsbau« vom Architekten Hubert Lütcke errichtet, wurde das Gebäude 1950 in »Ernst-von-Hülsen-Haus« umbenannt, weil der Kurator der Universität sich seit 1924 entschieden für die Realisierung der Idee eingesetzt hatte. Bevor das Haus Marburg, das sich im vorderen Teil des Hauses befindet, nach mehrjähriger Sanierung wieder eröffnet werden konnte, wurde es schließlich in »Kunstmuseum« umbenannt – sicher der passendste Name für das Gebäude.

Zunächst begann man mit der Sanierung der nüchternen, vom Klassizismus inspirierten Außenfassade, deren Tür- und Fenstergitter im sogenannten »Marburger Zackenstil« gestaltet sind. Die zackigen Elemente aus Holz, die dem Art déco mit Anklängen an expressionistische Dynamiken entliehen sind, fanden sich damals sogar im Interieur des Hauses wieder, beispielsweise bei den prächtigen Leuchtern der Treppenhäuser oder den Lehnen der Stühle in der Bibliothek. Alle Sockel, Simse und Ornamente an der Fassade sind aus heimischem Rotsandstein gefertigt, und die Walmdächer sind mit Schiefer aus der Region bedeckt. Mit Kosten von rund 3,9 Millionen Euro folgte dann schließlich die Innensanierung, die so gut gelang, dass sie im Jahr 2020 mit dem Hessischen Denkmalschutzpreis ausgezeichnet wurde.

Adresse Biegenstraße 11, 35037 Marburg | ÖPNV Busse 3, 5, 6, 7, 27, 383, Haltestelle Erwin-Piscator-Haus | Öffnungszeiten Mo, Mi–So 11–17 Uhr, letzter Do im Monat 11–21 Uhr | Tipp Im Brunnensaal des Museums kann man fünf Werke der Künstlerin Perihan Arpacilar bewundern, die seit vielen Jahren im Atelier Goldstein arbeitet, einer Institution, die Menschen mit Beeinträchtigungen die Möglichkeit zum künstlerischen Ausdruck bietet.

75 Die Mathematische Modellsammlung

Rechenschieber reloaded

Wer es durch das Gewirr von Unigebäuden und vorbei an Parkplatzschranken ins Foyer des Mehrzweckgebäudes in der Hans-Meerwein-Straße auf den Lahnbergen geschafft hat, kann sich dort – mit möglichst viel Zeit – die Mathematische Modellsammlung anschauen, die seit 2008 auf drei Etagen täglich geöffnet ist.

Dass die historischen Ausstellungsstücke wieder zu sehen sind, ist das Verdienst von Ilka Agricola, ihres Zeichens Professorin für Differentialgeometrie und Analysis. Sie machte sich bei Antritt der neuen Stelle auf die Suche nach alten Exponaten und fand diese tatsächlich in verstaubten Kisten in den hinteren Ecken der Teeküche und der Bibliothek. Nach der Gründung des mathematischen Seminars im Jahr 1885 hatte man begonnen, eine Sammlung von Modellen zur Unterstützung der Lehre und Forschung anzulegen. Aus dieser Zeit sind noch einige Gips- und Kartonmodelle von Flächen sowie Vermessungsinstrumente und Planimeter erhalten. Bis etwa 1960 wurde die Sammlung entsprechend den Schwerpunkten der Professoren kontinuierlich erweitert. Und dann irgendwann eingemottet – zu Unrecht.

Heute kann man hier neben der Vierspezies-Rechenmaschine »Brunsviga MD II« aus dem Jahr 1917 auch den kleinsten jemals gebauten mechanischen Vierspeziesrechner von Curt Herzstark (1902–1988) aus den 1930er Jahren bewundern. Anhand der Modelle lassen sich übrigens ganz praktische und alltägliche Fragen beantworten – sicher auch ein Anreiz für die Professorin, den Studierenden die Exponate wieder zugänglich zu machen. Wer wenig von Mathematik versteht, kann an einer Führung teilnehmen. Klar: Das graue Gebäude auf den Lahnbergen ist der Neuzeit geschuldet, aber der Wille und die Tradition, das eher unbeliebte Fach Mathematik jungen Leuten nahezubringen, sind ungebrochen.

Adresse FB 12, Mathematik und Informatik, Hans-Meerwein-Straße 6, 35043 Marburg | ÖPNV Bus 2, Haltestelle Hans-Meerwein-Straße | Öffnungszeiten Führungen für Gruppen ab fünf Personen, Kontakt über Prof. Dr. Ilka Agricola, agricola@mathematik.uni-marburg.de | Tipp Ebenfalls interessant ist die Religionswissenschaftliche Sammlung der Universität, die sich in der Landgraf-Philipp-Straße 4 befindet.

76_Das Memorial

Installation zum Gedenken von Hanau

Am 19. Februar 2020 tötete der 43-jährige Tobias Rathjen an verschiedenen Orten in Hanau innerhalb von kürzester Zeit neun Personen, verletzte weitere Menschen schwer und erschoss schließlich seine Mutter und sich selbst. Die Bundesanwaltschaft kam ebenso wie das Bundeskriminalamt zu dem Ergebnis, dass der Täter einer rechtsextremen Ideologie anhing und seine Opfer nach rassistischen Kriterien ausgewählt hatte. Wie überall im Land war auch in Marburg das Entsetzen groß, und man reagierte zunächst mit einer spontan anberaumten Demonstration, bei der 4.000 Menschen zusammenkamen, um gegen Ausgrenzung und Gewalt zu demonstrieren.

Zum ersten Jahrestag des Attentats wurde mittels einer privaten Initiative das Mahnmal »Memorial – Den Opfern rassistischer Gewalt« am Friedrichsplatz aufgestellt – in Anwesenheit von mehr als 1.000 Menschen, die ein deutliches Zeichen setzen wollten. Die Installation – eine eiserne schwarze Stele – stammt von dem auf Kuba geborenen Künstler Alexeir Diaz Bravo, der seit einigen Jahren in Marburg lebt, und wurde bereits bereits mehrmals von Unbekannten stark beschädigt. Neben Forderungen, sie deshalb woanders aufzustellen oder besser zu schützen, wird zudem diskutiert, ob man die Bismarckstraße in Mercedes-Kierpacz-Straße umbenennen sollte. Die 35-jährige Mercedes Kierpacz war in Hanau auf dem Weg zu einer Bar erschossen worden, als sie abends für ihre Kinder Pizza holen wollte – unvorstellbar!

Die Forderung nach einer Umbenennung von Straßennamen wurde bundesweit laut, um an Gökhan Gültekin, Sedat Gürbüz, Said Nesar Hashemi, Mercedes Kierpacz, Hamza Kurtović, Vili Viorel Păun, Fatih Saraçoğlu, Ferhat Unvar und Kaloyan Velkov zu erinnern, die alle bei dem Anschlag sterben mussten. Einige der Familien werden übrigens von der 1976 in Marburg geborenen Rechtsanwältin Seda Başay-Yıldız vertreten, die heute in Frankfurt lebt.

Adresse Friedrichsplatz, 35037 Marburg | ÖPNV Busse 1, 4, 5, 7, 27, 383, Haltestelle Philippshaus | Tipp Im Hessischen Staatsarchiv am Friedrichsplatz erhält man einen guten Einblick in die Historie Nord- und Osthessens. Die Bestände sind in die Hauptabteilungen Urkunden, Akten, Amtsbücher, Karten und Sammlungen gegliedert.

77 Die Metallplastik

Rohrpost ins Unendliche

Egal, wo der Betrachter steht – er steht auf dem Schlauch. Oder besser: vor oder hinter dem Schlauch. Denn was genau die namenlose Plastik des Bildhauers Erich Hauser (1930–2004) darstellen soll, ist nicht bekannt. Was für die einen als reizvolle künstlerische Auseinandersetzung gilt, empfinden andere wiederum als Provokation. Bereits vor der Installation der Plastik, die sich als »Kunst am Bau« auf die nahe Hauptpost bezieht, gab es einen offenen Brief an den Bundespostminister, den viele Marburger und eben nicht nur Postbedienstete unterschrieben und der sich gegen die Aufstellung richtete. Man sei ratlos ob dieses Gebildes. Doch nach jahrelanger Vorbereitung wurde es 1976 wie geplant auf der Freifläche errichtet.

Sicher wollte man Erich Hauser, einen Autodidakten aus der schwäbischen Provinz, nicht vor den Kopf stoßen. Immerhin hatte er damals bereits wichtige Auszeichnungen erhalten und schon zweimal auf der documenta ausgestellt. Man warf dem Künstler vor, das fünf Meter hohe, zehn Meter breite und zehn Meter tiefe Röhren-Werk sei unübersichtlich, was vielleicht auch daran liegt, dass es keinen Sockel hat und man es von allen Seiten betrachten kann. Dass die Rohre aus dem Boden kommen, weist jedoch darauf hin, dass es sich um Kabel handeln könnte, die eine kommunikative Funktion haben – Rohrpost eben. Die sorgfältige Bearbeitung der Oberfläche lässt im wahrsten Sinne des Wortes keine Reibungsfläche zu. Was, wenn der Künstler genau das gewollt hat? Was, wenn er sogar die Kommunikation an sich als bedeutungslos darstellen wollte? Ein Plädoyer des Schweigens gar?

Erich Hauser galt schon damals als jemand, der das konservative Ethos des Bildhauers gern mit anarchistischem Temperament paarte. Heute, da die Hauptpost nicht mehr als solche in Betrieb ist, ist es ruhig geworden um die Plastik. Übersehen kann man sie jedoch nicht. Höchstens ignorieren.

Adresse Zimmermannstraße 2, 35039 Marburg | ÖPNV Busse 2, 4, 27, 76, Haltestelle Zimmermannstraße; alternativ fünf Minuten zu Fuß vom Hauptbahnhof | Tipp Auf dem Messeplatz am nahen Afföller findet in den Sommermonaten jeden Samstag von 6 bis 15 Uhr ein Flohmarkt unter dem Motto »Mitmachen kann jeder« statt.

78 Der Mitmachgarten

Von Dill bis Pfefferminze

Dienstag ist Gartentag im Stadtteil Marbach. Da wird gemeinsam gepflanzt, geerntet und verarbeitet. Dass sich junge und alte Menschen verschiedenster Kulturen hier regelmäßig zusammenfinden, ist Christa Stuwe zu verdanken, die sich seit rund zehn Jahren dafür einsetzt, dass das 150 Quadratmeter große Gelände zwischen Bürgerhaus und ehemaliger Sparkasse als Gemeinschaftsgarten genutzt wird. Mit Unterstützung von Schülern der Marbacher Grundschule und des Grünflächenamts wurden Kräuterbeete angelegt und bepflanzt, später auch Rosenbüsche, Beerensträucher und Obstbäume gesetzt. Vor drei Jahren wurde der Garten durch ein Permakulturbeet mit Kartoffeln, Stielmus, Haferwurz, Winterportulak, Tomaten und Physalis ergänzt.

Auf die Kräuterbeete können die Hobby-Gärtner besonders stolz sein: Hier wachsen sowohl einheimische als auch mediterrane Kräuter nebeneinander und warten nur darauf, zu leckeren Speisen verarbeitet zu werden. An die Zubereitung macht man sich auch gern gemeinsam. Neben Teemischungen, Kräutersalz, Smoothies, Kräuterbutter, Blütensalat oder Kräuterquark entstehen so auch mal Salben und Tinkturen für die Hausapotheke, denn Diplompädagogin Christa Stuwe ist auch Kräuterpädagogin und gibt ihr Wissen gern an die Gärtner weiter.

Dass die Initiative bereits einen Preis der UN-Dekade Biologische Vielfalt verliehen bekam und mit einer Auszeichnung vom Netzwerk Nachbarschaft als »eine der schönsten Nachbarschaftsaktionen« bedacht wurde, hätte sicher auch den Naturliebhaber und Heimatpoeten Dietrich Weintraut (siehe Ort 36) gefreut, der schon im Jahr 1798 im »Marbacher Heimatlied« dichtete: »Schön liegst du in den Bergen / in abendlicher Ruh, / Schneewittchen bei den Zwergen / war schöner nicht als du.« Im Marbacher Mitmachgarten kann man diese Idylle gut erahnen.

Adresse Emil-von-Behring-Straße (zwischen ehem. Sparkasse und Bürgerhaus), 35041 Marburg | ÖPNV Busse 5, 14, Haltestelle Brunnenstraße | Öffnungszeiten Di 17 – 19.30 Uhr und nach Absprache per E-Mail an mitmachgarten@gmx.de | Tipp Von alternativen Heilmitteln bei Frauenbeschwerden über eine kleine Teekunde bis hin zur Anwendung von ätherischen Ölen – im Gesundheitshaus in Wehrda kann man sich ganzjährig fortbilden (www.ge-haus.de).

79 Die Mordeiche

Stumme Zeugin einer grausamen Tat

Groß und stattlich versperrt die jahrhundertealte Eiche dem Spaziergänger mitten auf dem Weg fast den Durchgang. Hier, oberhalb des Stadtteils Ockershausen, hat sich vor rund 200 Jahren eine schauerliche Tat ereignet, die sich bis heute tief in das Gedächtnis der Stadt eingegraben hat. Betrachtet man den Stamm des Baumes genauer, fällt einem das eingeritzte verwitterte Kreuz ins Auge. Jemand hat daneben noch eine hölzerne Plakette ergänzt: »Mordeiche, 12.9.1861« ist darauf zu lesen – ein Mahnmal, das zum Innehalten auf dem beliebten Lahnwanderweg einlädt.

Am frühen Morgen des 12. September 1861 hörten mehrere später befragte Zeugen am Hang des damals schon bewaldeten Dammelsbergs jammervolle Hilferufe und laute Schreie. Doch erst drei Tage später fand ein Forstläufer auf dem Waldweg unter der Eiche eine übel zugerichtete Frauenleiche. Wegen der hohen Temperaturen in diesem Sommer war das Gesicht der bereits in Verwesung begriffenen Leiche nahezu unkenntlich. Dennoch stand bald fest, dass es sich bei der erstochenen Frau um die schwangere Dorothea Wiegand handelte, die wegen ihres Hinkefußes überall nur »das Hinkel« genannt wurde.

Der Verdacht fiel sofort auf den Schuhmacher Ludwig Hilberg, der die Tagelöhnerin unehelich geschwängert hatte. Kurz vor dem schrecklichen Ereignis wollte sie ihn noch zur Rede stellen. Er verabredete sich mit ihr an der Eiche und tötete sie dann vorsätzlich. Der grausamen Tat folgte ein dreijähriger Prozess, der am 14. Oktober 1864 mit der Enthauptung des Schuhmachers durch das Schwert endete. Hilberg ging somit als Letzter auf dem Rabenstein (siehe Ort 88) Hingerichteter in die Geschichte ein.

Heute warnen Hinweisschilder vor dem Betreten des Naherholungsgebiets am Dammelsberg. Wegen mangelnder Verwurzelung sind ausgerechnet die alten Bäume des Waldes gefährdet – allen voran die Mordeiche.

Adresse Sandweg 22, 35037 Marburg | **ÖPNV** Busse 16, 20, Haltestelle Höhenweg | **Tipp** Südlich der Tannenbergkaserne und nicht weit vom Dammelsberg entfernt befindet sich der gut ausgestattete Grillplatz »Runder Baum«, den man beim Fachdienst Gebäudewirtschaft und Grundstücksverkehr mieten kann. Dafür genügt eine E-Mail an grundstuecksverkehr@marburg-stadt.de.

80 Die Murmelbahn

Kupferschiff ahoi!

Murmeln ist nicht nur ein Kinderspiel, sondern auch ein richtiger Sport. In England gibt es sogar eine Weltmeisterschaft in dieser Disziplin. Die längste Kugelbahn der Welt, jenseits jeder sportlichen Ambition, befindet sich übrigens im Hunsrück – sie ist 400 Meter lang. Mal von derartigen Superlativen abgesehen können die Marburger diesbezüglich durchaus auch zufrieden sein. Denn bereits seit 2005, als man das vom Marburger Kinder- und Jugendparlament begleitete Konzept für neue »Spiel- und Aufenthaltsorte in der Oberstadt« umgesetzt hatte, kann man Am Plan auf der stabilen Bahn aus Sandstein auch eine ruhige Kugel schieben. Die vom Bildhauer Atelier Bohrmann-Roth gefertigte Auftragsarbeit erfreut sich nicht nur bei jungen Murmelfans großer Beliebtheit.

Wie beim Pferdebrunnen am Unteren Steinweg aus dem Jahr 2004, bei dem der Korpus aus Sandstein besteht, die Köpfe und Schwänze jedoch aus Bronze gefertigt wurden, oder bei den Bronzebüchern am Kornmarkt, die auf riesigen Holztischen zur Lektüre einladen, wurden auch bei der Murmelbahn verschiedene Materialien auf ästhetische Weise miteinander verbunden. Die Objekte können von Erwachsenen und Kindern gleichermaßen sowohl als Sitzgelegenheit als auch als Fotokulisse genutzt werden und sind heute aus dem Stadtbild nicht mehr wegzudenken.

So waren alle gleichermaßen entsetzt, als 2018 das defekte Bronzeboot an der Murmelbahn Am Plan entfernt werden musste, von dem aus man sonst immer die Murmeln auf Kurs bringen konnte. Dem Kunstschmied Rüdiger Horn aus Gisselberg, der auf Treppen und sakrale Kunst spezialisiert ist, ist es zu verdanken, dass die hydraulische Bremse des kippbaren Schiffchens schon bald wieder repariert war und sich heute wieder an Ort und Stelle befindet.

Jetzt fehlt nur noch ein Kugelautomat in der Nähe. Ein erster Antrag wurde bereits 2011 gestellt …

Adresse Am Plan, 35037 Marburg | ÖPNV Bus 10, Haltestelle Am Plan | Öffnungszeiten jederzeit zugänglich | Tipp Vor Jahren wurden bei Bauarbeiten vor dem Institut für Leibesübungen zufällig Reste des alten Stadttors gefunden. Das sogenannte Barfüßertor, nach dem heute noch die Straße benannt ist, wurde in den Wirren des Dreißigjährigen Krieges abgebaut, ab 1660 an selber Stelle wieder errichtet und 1784 endgültig abgerissen.

81 Die Nonnenrutsche

Brutalismus mit Kreuz

Dass man kirchlichen Bauten Spottnamen verleiht, hat bundesweit Tradition. Ob es an den teilweise kuriosen architektonischen Entwürfen der Gotteshäuser liegt oder eher daran, dass viele Menschen heute ein eher gespaltenes Verhältnis zum Glauben haben, sei mal dahingestellt. Von »Seelenabschussrampe« über »Kleiderbügel« oder »Möwenrutsche« bis hin zur »Schlittenkirche« oder »Max und Moritz« findet man alles im Volksmund, wenn man sich nur mal umhört. In Marburg hat man eine »Nonnenrutsche«, die eigentlich »Liebfrauenkirche« heißt.

Als man an der Großseelheimer Straße nach Jahren des Provisoriums, die dem damaligen Pfarrer Heinrich Kreutz einen Herzinfarkt bescherten, im Februar 1960 endlich eine neue Pfarrkirche mit Gemeindezentrum zu errichten begann, musste der Architekt Günter Maiwald, der auch für den Bau der Kirche Maria Frieden in Berlin-Mariendorf verantwortlich zeichnete, auf den 10.000 Quadratmetern noch ein Säuglings- und ein Kinderheim unterbringen. Dieses sollte von Vinzentinerinnen aus Fulda betreut werden – von Nonnen also.

An eine Rutsche für sie wird er eher nicht gedacht haben, als er dem 37 Meter hohen Kirchturm eine runde Einfassung aus Beton gab, die sich fast um das gesamte Gebäude zieht – doch der Spitzname der im Stil des Brutalismus gebauten Kirche war schnell geboren. Fünf Jahre später fand die Einweihung statt, und 1986 hörte man in der Heiligen Nacht erstmals die Glocken klingen. Übrigens stellte die breit und tief gestaffelte Empore des absinkenden Dachverlaufs auch die Orgelbauer vor ein großes Problem, das erst nach zweijähriger Planung und dreimonatiger Bauzeit gelöst werden konnte: Mit 24 Registern und 1446 Pfeifen können nun alle Sitzplätze akustisch optimal bespielt werden.

Was heute in der Gemeinde so los ist, erfährt man durch den regelmäßig erscheinenden Pfarrbrief und eine recht aktuelle Website.

Adresse Großseelheimer Straße 10, 35039 Marburg | ÖPNV Busse 7, 27, Haltestelle An der Schanze | Öffnungszeiten Mo–Sa 9–21 Uhr, So 12–18 Uhr | Tipp Im Kreuzgang der Liebfrauenkirche befindet sich eine kleine, aber feine Bibliothek, in der man nach den Gottesdiensten nach Herzenslust stöbern kann und deren Bücher und Medien man – ganz ohne Ausweis – für bis zu acht Wochen ausleihen darf.

82 Der Oberstadt-Aufzug

Bummelfahrt in die Wolken

Im Gegensatz zu den Fahrstühlen von einst, die innen mit Samt und Seide beschlagen waren, sind die heutigen Modelle oft hässlich und grau. In einem zurückversetzten Gebäude am Pilgrimstein sind seit 1989 zwei öffentliche Personenaufzüge untergebracht, die Faulen und Fußlahmen oder auch Rollstuhlfahrern problemlos den Zugang zur Oberstadt ermöglichen. Zu Stoßzeiten bilden sich regelmäßig lange Schlangen vor dem kostenfrei nutzbaren Oberstadt-Aufzug, der – neben dem Aufzug im nahe gelegenen Parkhaus – als ungekrönter König der Marburger Transportmittel gilt.

Mit ihm braucht man für die 109 Höhenmeter nur wenige Minuten, bis man die Passage der Buchhandlung Elwert erreicht und schließlich auf der Reitgasse wieder an die frische Luft tritt. Zwar hat das Architekturbüro Schultze + Schulze vor rund 30 Jahren zwei unterschiedlich große Kabinen entworfen, an den Transport von Fahrrädern wurde dabei aber nicht gedacht. Egal, in die rechte, größere Kabine werden dennoch Räder reingestopft, dann aber ist die Kabine voll. Beobachten kann man gelegentlich auch, wie jemand Atem- und Entspannungsübungen auf der Fahrt nach oben macht – das soll gegen Klaustrophobie und Fahrstuhlangst helfen, die wohl gar nicht so selten sind.

Die topografischen Unterschiede, die verschiedenen Straßenbeläge, die engen Gassen und Treppen und vor allem die fehlenden Rampen für Radfahrer machten die Erreichbarkeit der Fußgängerzone schon immer zu einem schwierigen Unterfangen. Im Rahmen der Studie »Zukunftskonzept Oberstadt« hat man sich nun im Auftrag des Magistrats mit den Themen Mobilität und Barrierefreiheit auseinandergesetzt. Bis die Ideen – von der Fahrradrikscha bis zu neuen Carsharing-Stationen – umgesetzt sind, bleibt der Oberstadt-Aufzug, der sogar einen eigenen Facebook-Auftritt hat, immer noch die beste Alternative für den Weg nach oben.

Adresse Pilgrimstein 28a, 35037 Marburg | ÖPNV Busse 1, 3, 4, 5, 6, 7, 10, 27, 383, Haltestelle Rudolphsplatz | Tipp Unter dem Label »Die Foto-Passage« werden die Schaukästen im Durchgangsbereich vom Aufzug zur Reitgasse neuerdings mit kleinen Ausstellungen aufgewertet, die der Verein KulturNetzwerkFotografieMarburg e. V. sorgfältig kuratiert.

83 Das Otto-Ubbelohde-Haus

Ein Hektar Lebenstraum

Der dunkelbraune Holzschreibtisch sieht aus, als wäre der Meister nur mal kurz von der Arbeit aufgestanden. Und die Vase mit den frischen Blumen macht den Raum noch heimeliger, als er sowieso schon ist. Das Haus des Malers Otto Ubbelohde wird heute von der gleichnamigen Stiftung als Museum betrieben.

Wer eine Ahnung von Ubbelohdes 450 Federzeichnungen hat, mit denen er die weltberühmten Kinder- und Hausmärchen der Brüder Grimm von 1907 bis 1909 illustrierte, erkennt die hessischen Trachten, die farbigen Fachwerkhäuser und die grüne Umgebung des Lahntals um Goßfelden sofort wieder. Kein Wunder, waren Jacob und Wilhelm Grimm hier doch häufig beim damaligen Pfarrer Johann Bang zu Gast.

Trotz Aufenthalten in München und Worpswede zog es den im Jahr 1867 in Marburg geborenen Maler mit 23 Jahren wieder in die Region seiner Kindheit zurück. Gemeinsam mit seiner Frau Hanna, die auch seine Cousine war, entdeckte er auf einer Reise das Dorf Goßfelden an der Lahn – heute der größte Ortsteil der Gemeinde Lahntal – und kaufte dort im Jahr 1900 ein Grundstück an der Flussaue, auf dem er in Zusammenarbeit mit örtlichen Bauhandwerkern ein vom englischen Landhausstil beeinflusstes Wohn- und Atelierhaus errichtete. Das Anwesen, das in den darauf folgenden Jahren um einen Wohntrakt, einen Bienengarten und einen Nutzgarten erweitert wurde, ist heute weitestgehend im Originalzustand erhalten oder zurückgebaut worden. Im Untergeschoss befanden sich früher die Ställe der Schweine.

Die Gärten rund um das Ubbelohde-Haus sind jederzeit zugänglich und laden zu einem Spaziergang durch die kleine Pappelallee ein, entlang des Roten Grabens, vorbei an den Apfelbäumen, die nach und nach den Gemüsegarten ersetzt haben, bis hin zu den Staudenrabatten, die noch immer ihre ursprüngliche Breite von 1,60 Metern aufweisen.

Adresse Otto-Ubbelohde-Weg 30, 35094 Lahntal | **ÖPNV** Bus 481, Haltestelle Lahntal-Goßfelden Alte Schule | **Öffnungszeiten** täglich 11–17 Uhr; Führungen nach Anmeldung per E-Mail an besuch-o-u-haus@web.de möglich | **Tipp** Otto Ubbelohdes Geburtshaus in der Elisabethstraße 6 in Marburg wurde 1966 abgerissen. Doch im Marburger Universitätsmuseum ist dem Maler ein ganzer Saal gewidmet.

84 Das Pasternak-Wohnhaus

Verliebt in Marburg

Der russische Autor Boris Pasternak (1890–1960), der später durch seinen Roman »Doktor Schiwago« weltberühmt werden sollte, schreibt sich zum Sommersemester 1912 an der Marburger Universität für das Fach Philosophie ein. Zunächst mietet er sich für eine Nacht im »Gasthaus zum Schützenpfuhl« ein, nimmt sich dann aber längerfristig ein kleines Zimmer in der Gisselberger Straße. »Nach einem letzten Blick auf den düsteren Berg mit dem alten Städtchen verlor sich die Chaussee hinter einem Wald. Das Zimmer hatte ein dürftiges Balkönchen, das auf den Gemüsegarten des Nachbarn ging«, beschreibt er später sein Domizil. Schnell wird Professor Hermann Cohen auf ihn aufmerksam und bietet ihm an, bei ihm zu promovieren. Der Student stürzt sich – bekümmert durch eine unglückliche Liebe zu Ida Vysotskaya, die er von zu Hause kannte und die ihn mit ihrer Schwester in Marburg besuchte – zunächst ins Studium, das ihm nur bedingt gefällt. Seine Cousine Olga Freudenberg bestärkt ihn jedoch in seiner großen Leidenschaft, dem Schreiben. Und auch sein Vater, ein Freund Rilkes, gibt dem Sohn bei einem Marburg-Besuch einen ernsten Rat: »Mach Dich fort ›al piacere‹ in die literarische Bohème …«

So erscheinen im Jahr 1913 Pasternaks erste Texte. Später wird er in dem Gedicht »Marburg« diese wichtigen Jahre Revue passieren lassen, auch in der autobiografischen Erzählung »Der Schutzbrief« geht es um seine Studienzeit in Marburg, die 1914 endet. Der Autor kehrt nur noch einmal, im Winter 1923, zurück in die Stadt an der Lahn, die inzwischen vom Ersten Weltkrieg schwer gezeichnet ist.

Als er 1958 den Literaturnobelpreis verliehen bekommt, muss er ihn kurze Zeit später zurückgeben: Vom russischen Staat vor die Wahl gestellt, den Preis abzulehnen oder ausgebürgert zu werden, entscheidet er sich schweren Herzens für seine Heimat. Schade, dass Marburg da keine Option mehr für ihn war.

Adresse Gisselberger Straße 15, 35037 Marburg | ÖPNV Busse 1, 2, 3, 4, 7, 27, 383, Haltestelle Frankfurter Straße | Tipp Die Neuauflage der Broschüre »Marburger Berühmtheiten« kann man bestellen beim Fachdienst Presse- und Öffentlichkeitsarbeit & Bürger/innen-Kommunikation der Stadt unter der E-Mail oeffentlichkeitsarbeit@marburg-stadt.de.

85 Der Phönix

Stille Einkehr in Bellnhausen

Auch wenn die kleine Kirche noch nie einen eigenen Namen besaß, schaut sie doch auf eine lange, bewegte Geschichte zurück: Aufgrund ihrer erhöhten Lage am sogenannten Frankfurter Weg, einer seit jeher wichtigen Handelsstraße von Frankfurt über Kassel nach Bremen, kamen immer wieder Reisende durch den sonst eher landwirtschaftlich geprägten Ort, die das im 13. Jahrhundert erbaute Gotteshaus zur stillen Einkehr nutzten. Erst durch den Ausbau der Bahnlinie in der zweiten Hälfte des 19. Jahrhunderts und durch den Rückbau der B3 im Jahr 1994, die früher durch das malerisch gelegene Dorf an der Lahn führte, wurde das Leben für die rund 500 Einwohner wieder beschaulicher.

Betritt man das Gotteshaus, dessen Anbau aus dem Jahr 1780 ist, fallen vor allem zwei aus dem Barock stammende Medaillons an der Decke des Kirchenschiffs ins Auge. Im ersten stillt ein von Engeln, Ornamenten und Früchten umrahmter Pelikan seine Jungen mit Blut – wohl ein Symbol für die aufopfernde Hingabe Christi. Noch bemerkenswerter jedoch ist das Abbild eines Phönix. In einem heidnischen Mythos heißt es, dass dieser am Ende eines langen Lebens ein Nest baut, um dort zu verbrennen. Aus der Asche entsteht ein neuer Phönix, der der Sonne entgegenfliegt. Viele Bellnhäuser, deren evangelische Gemeinde sich mit den Gemeinden in Hassenhausen, Sichertshausen und Erbenhausen zusammengeschlossen hat, wollen in dieser beeindruckenden und mit Stuck verzierten Abbildung eine österliche Botschaft sehen: Jesus Christus starb am Kreuz, als Auferstandener kehrt er an Christi Himmelfahrt wieder zu Gott zurück.

Die Täfelung in der Empore zeigt in alter Bauernmalerei die Jüngerschar Christi – allerdings nur gut zu sehen für die Gläubigen, die unten sitzen. Noch bis vor wenigen Jahren waren das ausschließlich die Frauen, während die Männer traditionell auf der kleinen Empore Platz nahmen.

Adresse Evangelische Kirche, Kirchstraße 2, 35112 Bellnhausen | ÖPNV RMV-Bus 35 nach Fronhausen | Anfahrt von der Autobahn kommend in Richtung Fronhausen fahren und gleich rechts in den Ort einbiegen | Öffnungszeiten So und Feiertage 9–19 Uhr | Tipp Eine Einkehr bei Daniels, einem idyllischen Gartencafé, in dem eine bunte Pflanzenwelt, ein liebevoll angelegter Teich und ein kleiner Laden mit Accessoires zum Verweilen einladen, lohnt sich unbedingt.

86 Der Planetenlehrpfad

Mit Lichtgeschwindigkeit durch den Weltraum

Bis Pluto im Jahr 2006 ein Downgrade zum Zwergplaneten erfuhr, durfte er neben Jupiter und Konsorten viele Jahre in der Oberliga mitspielen. Doch als die Astronomen herausfanden, dass es noch weitere Himmelskörper ähnlicher Größe gibt, war es mit seinem Ruhm plötzlich vorbei. Heute gilt er als zweitgrößter Zwergplanet, der sich lediglich im äußeren Bereich des Sonnensystems aufhält. Auf dem Marburger Planetenlehrpfad, der sich seit 25 Jahren als Fuß- und Radwanderweg auf sechs Kilometern vom Süden bis in den Norden der Stadt erstreckt und die unvorstellbaren Ausmaße unseres Sonnensystems in kleinem Maßstab veranschaulicht, setzt er jedoch noch immer den wichtigen Schlusspunkt.

Die Idee zum ersten Planetenlehrpfad Hessens hatte Carl Junker vor mehr als 20 Jahren. Der Lehrer der Carl-Strehl-Schule, einer privaten Förderschule für blinde und sehbehinderte Menschen, motivierte seine Schüler in Kooperation mit der Deutschen Blindenstudienanstalt in der AG Kommunalpolitik, im Jahr 1994 einen Planetenlehrpfad zu erarbeiten, der auch blinden Nutzern einen Zugang ermöglichen sollte – quasi eine Weltpremiere. Auf sechs Kilometern wird im Maßstab 1:1 Milliarde das Sonnensystem abgebildet, wobei Merkur, Venus, Erde, Mars, Jupiter, Saturn, Uranus, Neptun und Pluto in entsprechender Entfernung dargestellt sind. Neben den Schautafeln geben an jeder einzelnen Station auch Bronzetafeln mit Brailleschrift Auskunft über die Zusammenhänge.

Die Standorte der Planeten, die von Auszubildenden der Ausbildungsstätte des Bauhandwerks angefertigt wurden, sind also nicht willkürlich gewählt. Folgt man dem Lehrpfad, der inzwischen auch in Luxemburg und Österreich zahlreiche Nachahmer hat, gelangt man vom Cappeler Feld entlang des Radwegs an der Lahn bis zum Bahnhof. Startpunkt ist der Platz an der Sonne.

Pluto wirds verschmerzen.

Adresse Start bei der Unterquerung der B3 bei Cappel, 35043 Marburg, www.blista.de/Planetenlehrpfad-Marburg | ÖPNV Bus 2, Haltestelle Am Zuckerberg, von dort den Wegweisern folgen, Aus-/Einstieg an jeder Station des Lehrpfads möglich | Tipp Der Deich zwischen der Luisa-Haeuser-Brücke und der Abendroth-Brücke wurde in den letzten Jahren in eine Terrassenlandschaft mit Uferweg umgebaut. Auf der zur Mensa gelegenen Seite gibt es eine Fahrrad-Abstellanlage und einen behindertengerechten Zugang. Im Sommer sind die Lahnterrassen der absolute »Place to be«!

87 Der Platz der Weißen Rose

Erinnerung an den Widerstand

Wie ein herabgefallener Flügel steht die Bronzeskulptur auf dem grauen Sockel. Das massive Denkmal wurde im Jahr 2009 auf dem Platz der Weißen Rose inmitten der neuen Wohnsiedlung im Stadtwald in Erinnerung an den Widerstand der Geschwister Sophie und Hans Scholl gegen das Naziregime errichtet. Unter dem Namen »Weiße Rose« verfasste die kleine Gruppe von Aktivisten ab 1942 insgesamt sechs kritische Flugblätter, die in München und Umgebung in großer Auflage in Umlauf gebracht wurden. Nach ihrer Denunziation wurden Sophie und Hans Scholl in einem Schauprozess verurteilt und am 22. Februar 1943 hingerichtet. Drei Plaketten auf der gegenüberliegenden Seite des riesigen Flügels erinnern – neben dem Geschwisterpaar Scholl – außerdem noch an ihre Mitstreiter Karl Huber, Alexander Schmorell und Willi Graf, die kurze Zeit später hingerichtet wurden.

Dass man in Marburg gerade an diesem Ort der Widerständler gedenkt, kommt nicht von ungefähr: Hier, in der ehemaligen Tannenbergkaserne, die im Jahr 1938 von den Nationalsozialisten erbaut wurde, waren das damalige Flugabwehrsystem Roland und das Sanitätsbataillon 2 stationiert, das Materiallager befand sich nur einen Kilometer weiter südwestlich. Sowohl für Militärfreaks als auch für Geschichtsinteressierte hat die Kaserne – trotz des aufwendigen Umbaus zum Wohn- und Geschäftshaus – bis heute eine Bedeutung als ehemals wichtiger militärischer Standort. Sicher auch deshalb erinnern die Straßennamen rund um das Denkmal an die Widerständler Georg Elser, Hedwig Jahnow, Carl von Ossietzky, Dietrich Bonhoeffer, Anne Frank, Rudolf Breitscheid und Cilly Schäfer und an viele weitere Menschen, die in den nationalsozialistischen Konzentrationslagern ermordet wurden.

Sie sollen so unvergessen bleiben!

Adresse Jakob-Kaiser-Straße, 35037 Marburg | ÖPNV Bus 5, Haltestelle Platz der weißen Rose | Tipp An der Stelle der sogenannten Dreyersquelle im nahen Hospitalwald liegt noch heute die Wüstung des im Mittelalter untergegangenen Ortes Walpershausen. Eine einst gut besuchte Vergnügungsstätte mit Gastronomie existiert seit 1914 allerdings nicht mehr.

88 Der Rabenstein

Blutiger Ort mit Schlossblick

Unter Glockengeläut und großer Anteilnahme der Bevölkerung fand in den frühen Morgenstunden des 14. Oktober 1864 auf dem sogenannten Rabenstein die Hinrichtung des Mörders Ludwig Hilberg durch das Schwert statt. Seine Enthauptung gilt als letzte Hinrichtung auf der Marburger Richtstätte. Man hatte damals eigens einen besonders erfahrenen, skrupellosen Scharfrichter aus Hannover bestellt: Christian Schwarz, der sein Schwert wie kein Zweiter zu führen verstand.

Um Hilbergs Enthauptung nicht in ein Volksfest ausarten zu lassen, wurde an diesem Tag der Alkoholausschank verboten, und zwei Kompanien wurden von außerhalb angefordert. Dennoch kamen Tausende Schaulustige, um der Hinrichtung des Schuhmachers beizuwohnen, der drei Jahre zuvor die schwangere Tagelöhnerin Dorothea Wiegand umgebracht hatte (siehe Ort 79). »Vor nichts ist mir jetzt noch bang als vor dem Weg und den vielen Leuten«, soll der 30-Jährige vor seinem letzten Gang gesagt haben, kurz nachdem er ein Geständnis bei dem Gefängnispfarrer Kolbe abgelegt hatte. Der letzte Weg führte ihn dann in einem von zwei Pferden gezogenen Gerichtswagen vom Hexenturm durch Weidenhausen hoch zum Rabenstein, vorbei an der Scheppe Gewissegasse, die für den Wagen jedoch zu steil war.

Der gemauerte Platz »am Kaff« war zuvor jahrzehntelang nicht mehr genutzt worden, weshalb man den Galgen zu Beginn des 19. Jahrhunderts abmontiert hatte. So mussten Gefangene aus dem Stockhaus nur für diese eine Hinrichtung tagelang die verfallene steinerne Anlage sowie deren Umzäunung und die Tribüne wieder instand setzen.

Erst im Jahr 1907 erinnerte sich der 1891 gegründete Marburger Verschönerungsverein wieder an den Ort inmitten von Bäumen und gestaltete die Plattform als reizvollen Aussichtspunkt mit einem ungewöhnlich schönen Blick auf die Stadt und das Landgrafenschloss. Es war wohl auch Hilbergs letzter Blick.

Adresse Richtstätte, Gerichtsweg, 35039 Marburg | **ÖPNV** Busse 2, 9, 27, Haltestelle Hölderlinstraße, von dort circa 15 Minuten zu Fuß | **Tipp** Ganz in der Nähe, in der Gottfried-Keller-Straße 6, befindet sich der Bismarckturm, der 1904 errichtet wurde. Der Zugang ist verschlossen, dennoch hat man von hier aus einen wunderbaren Blick auf die Stadt.

89 Das Regenbogen-Graffiti

Verbindung zur Verbindung?

Ein Geständnis gibt es (noch) nicht. Aber das macht es umso interessanter. Denn jedes Jahr zum Stiftungsfest des Corps Teutonia erneuert sich wie von Zauberhand das im Volksmund »Regenbogen-Graffiti« genannte Bild an der Wasserscheide mitten in der Marburger Oberstadt. Ob es da tatsächlich einen Zusammenhang zu dieser pflichtschlagenden Verbindung gibt, deren Angehörige, »Teften« genannt, seit 1852 genau dieses hellblau-feuerrot-goldene Couleur zur hellblauen Mütze tragen?

Im Jahr 1825 in Marburg gegründet, war das Corps Teutonia die erste Verbindung, die sich ein eigenes Haus leistete. Weil man andere Interessenten überbot, konnte Karl Freiherr Schenck zu Schweinsberg das in Schlossnähe gelegene Grundstück kaufen. In all den Jahrzehnten mehrfach vergrößert und umgebaut – unter anderem auch von dem renommierten Architekten Wilhelm Spahr –, ist der Hainweg auch heute noch Sitz der Verbindung, die bislang nicht als besonders kunstinteressiert in Erscheinung getreten ist. Dennoch auffällig: Folgt man der Richtung, die der Graffiti-Strahl vorgibt, kommt man schnurstracks zum Verbindungshaus. Also doch eine versteckte Einladung, mal dort vorbeizuschauen?

Dass das Bodengraffiti ausgerechnet zu der Zeit auftauchte, als die Stadt ihr Anti-Graffiti-Förderprogramm auflegte, gefiel sicher nicht jedem. Während sich Passanten heute eher an der bunten Straßenmalerei erfreuen, gehen einzelne Lokalpolitiker schon seit Längerem dagegen vor, mit dem Argument, man wolle der Ideologie einer Studentenverbindung im öffentlichen Raum keinen Vorschub leisten.

Wer sich also mit detektivischem Spürsinn an der Suche nach den Urhebern des als Regenbogen verkleideten Straßenbilds betätigen möchte, ist dazu herzlich eingeladen. Vielleicht legt man sich beim nächsten Stiftungsfest des Corps Teutonia einfach mal an der Wasserscheide auf die Lauer?

Adresse Wasserscheide, 35037 Marburg | ÖPNV Bus 10, Haltestelle Marburg Markt | Tipp In der Wettergasse 17 befindet sich das Bürstengeschäft der Familie Hintz. Die letzten Bürstenmacher Hessens haben mehr als 1.000 verschiedene Bürsten im Angebot.

90 Das Schellenberg-Haus

Wo Aschenputtel geboren wurde

Auch wenn es zunächst ein wenig Verwirrung darüber gab, wo die Brüder Jacob und Wilhelm Grimm während ihres Studiums in Marburg denn nun tatsächlich wohnten, hat man sich inzwischen auf zwei Domizile – in der Barfüßerstraße 35 und in der Wendelgasse 4 – geeinigt und dort entsprechende Hinweistafeln angebracht. Während das Leben und Wirken der beiden Sprachwissenschaftler, die von 1812 bis 1858 die weltberühmten Kinder- und Hausmärchen herausgaben, recht gut beleuchtet ist, tappte die Forschung lange Zeit im Dunkeln, was die Quellen einiger von ihnen aufgeschriebener Märchen angeht.

Dabei war die Identität der Erzählerin des Märchens »Aschenputtel« eines der größten Rätsel der Grimm-Forschung. Erst jetzt, 200 Jahre später, will Professor Holger Ehrhardt von der Universität Kassel herausgefunden haben, dass es sich bei der ominösen »Marburger Märchenfrau« um Elisabeth Schellenberg (1746–1814) handeln muss, die als uneheliches Kind geboren wurde und im Haus an der Mühltreppe 1 lebte, bis sie 1802 schließlich in das Siechenhaus St. Jost zog, wo sie bettelarm verstarb. Nachdem der Grimm-Forscher Hinweisen aus Briefen der berühmten Brüder nachgegangen war und diese mit Tauf- und Sterberegistern der Kirchen und Bewohnerlisten von Armenhospitälern verglichen hatte, gab es nun endlich Gewissheit: Demnach soll Wilhelm Grimm die damals 64-Jährige gebeten haben, ihm einige Märchen zu erzählen – sie lehnte jedoch ab. Mit dem Trick, eine Mutter mit ihren Kindern hinzuschicken, kam der gewiefte Volkskundler dann doch noch zum Ziel.

Von Elisabeth Schellenberg stammt übrigens nicht nur die sicher autobiografisch angehauchte Geschichte vom armen Aschenputtel, sondern auch das weniger bekannte Märchen »Der goldene Vogel«. Im Jahr 2017 erhielt das ehemalige Wohnhaus von Elisabeth Schellenberg, von der es leider kein Bild gibt, nun endlich auch eine Plakette.

Adresse Mühltreppe 1, 35037 Marburg | **ÖPNV** Busse 1, 3, 4, 5, 6, 7, 10, 27, 383, Haltestelle Rudolphsplatz | **Tipp** Der kürzeste Weg in die Oberstadt führt über die Dominikanertreppe, die noch an das Kloster erinnert, das die Dominikaner nach der Reformation 1517 verlassen mussten. Danach zog die erste protestantische Universität in das Gebäude ein.

91 Der Schlossbergwein

Der unverkäufliche Tropfen

»Schade, dass man Wein nicht streicheln kann«, sagte schon Kurt Tucholsky sehr passend. Fast jeder in Marburg kennt die rote Tür an der Landgraf-Philipp-Straße, die zum Schloss hinaufführt und nahezu immer verschlossen ist. Die wenigsten wissen allerdings, dass dahinter der rustikale Gewölbekeller der Schlossbergwinzer liegt, in dem schon so manch geselliger Umtrunk stattgefunden hat – in kleinem Kreis, versteht sich. Denn nur selten öffnen die Marburger Hobby-Winzer Tür und Tor und lassen andere einen Blick auf die jahrhundertealte Weinpresse erhaschen, ein Relikt aus alten, glamourösen Winzertagen.

Ein erster Hinweis auf die Marburger Weinkultur geht auf das Jahr 1334 zurück, als Agnes von Nürnberg der Stadt einen Weinberg an einer Erhebung namens »Lutzillenburg« schenkte – nahe dem heutigen Ketzerbach. Bereits damals sollen hier mehr als 20.000 Liter Wein im Auftrag des Deutschen Ordens gekeltert worden sein. Die Marburger Weinkultur hatte ihre Blütezeit im 15. Jahrhundert, danach schien sie für immer vorbei zu sein.

Doch der Weinberg am Südhang bietet heute noch beste Voraussetzungen für den Anbau der Reben, weshalb es sich der damalige Uni-Kanzler Bernd Höhmann zusammen mit dem heutigen »Schlossbergwinzer« Horst Olbrich im Jahr 2000 zur Aufgabe machte, mit einer Gruppe Gleichgesinnter Weinberg und Weinkeller wiederzubeleben. Auch wenn die Mühe alljährlich nur mit einer geringen Menge Rebensaft belohnt wird, wird weiterhin am Ergebnis gefeilt. So wurde inzwischen eine Weinrebe aus der Partnerstadt Maribor, angeblich die älteste der Welt, von der Drau an die Lahn verpflanzt.

Inzwischen wurden sogar Weinbau-Experten von der Fachhochschule Geisenheim auf den »Landgraf-Philipp-Tropfen« aufmerksam. Für sie ist der Marburger Schlossberg eine nördliche Dependance des Rheingaus. Und so, ohne Witz, steht es auch auf dem Etikett.

Adresse Landgraf-Philipp-Straße, 35037 Marburg | ÖPNV Bus 10, Haltestelle Sybelstraße oder Am Plan, von dort circa zehn Minuten zu Fuß den Berg hinauf | Tipp Nicht weit von den Schlossbergwinzern entfernt, an der Schlosstreppe 1, befindet sich das kleine, traditionsreiche »Weinlädele«. Zunächst als reine Weinstube geplant, gibt es in dem Familienunternehmen heute auch leckere Gerichte.

92 Der Schlossbrunnen

Ohne Wasser kein Leben

Das auf einer Höhe von 287 Metern thronende Schloss aus dem 11. Jahrhundert ist vor allem deshalb bedeutsam, weil es die erste Residenz der Landgrafschaft Hessen war. Aufgrund seiner Lage musste man sich ein ausgeklügeltes System überlegen, um an frisches, keimfreies Wasser zu kommen. Zunächst führte man das Wasser aus dem Brunnen am Grassenberg durch hohle Erlenstämme in die Zisternen, um es von dort in tiefer gelegene Brunnen umzuleiten. Der Name Wasserscheide verweist noch auf diesen historischen Verteilerschacht, Kumb genannt. Bereits 1580 unternahm Ebert Baldewein den Versuch, eine Pumpe zu bauen, um Wasser von den Lahnauen hoch zum Schloss zu pumpen. Im Jahr 1765 ließ Landgräfin Hedwig Sophie dann den Schlossbrunnen anlegen, der bis heute einen Durchmesser von 2,5 Metern und eine Tiefe von 96 Metern aufweist.

Einer Legende zufolge sollen zwei Gefangene sieben Jahre daran gegraben haben. Zum Lohn habe man ihnen die Freiheit versprochen, doch am Ende sei einer einfach tot umgefallen, der andere erblindet.

Als im Jahr 1880 eine Pumpe mit Gasmotor eingebaut wurde, installierte die preußische Bauverwaltung zusätzlich noch 19 Holzbühnen, die auf Stahlträgern befestigt waren. Diese mussten bei der erneuten Freilegung des Brunnens im Jahr 2012 wieder entfernt werden, genauso wie 50 Kubikmeter Geröll. Ganz überraschend kamen dabei in 60 Metern Tiefe – eingeritzt auf schwere Sandsteinquader – Erinnerungsschilder der damaligen Truppführer zutage.

Heute kann man den Brunnenschacht so, wie er im 17. Jahrhundert ausgesehen hat, wieder besichtigen. Und schüttet man von oben einen Wasserschwall hinein, braucht dieser zwölf Sekunden – eine halbe Ewigkeit also –, um unten mit einem einzigartigen Geräusch aufzuschlagen und ein schillerndes Wasserspiel zu verursachen. Beeindruckend. Kein Wunder also, dass oft die Abgründe einer Stadt als heimliche Höhepunkte gelten.

Adresse Landgrafenschloss, 35037 Marburg | ÖPNV Bus 10, Haltestelle Schloss | Öffnungszeiten Besichtigung des Schlossbrunnens im Rahmen von Führungen möglich, Infos unter www.marburg-tourismus.de | Tipp Im ehemaligen Marstall aus dem Jahr 1575 ist – neben dem Schloss – seit 1946 das Collegium Philippinum untergebracht, das älteste selbstverwaltete Wohnheim der Stadt.

93 Das Solarkunstwerk

Gläserner Skywalk auf dem Parkhaus

Parkhäuser sind zumeist hässlich, und man ist froh, wenn man sie wieder verlassen kann. Natürlich ist es gut, dass es sie gibt, denn angeblich verbringen Autofahrer in Deutschland mehr als 40 Stunden im Jahr mit der Parkplatzsuche. In Marburg stehen Fahrzeugbesitzern zwar mehr als 2.000 Stellplätze in den zahlreichen Parkhäusern der Stadt zur Verfügung, aber die muss man ja erst mal finden, ansteuern und dann auch noch erobern. Sehr beliebt ist das Oberstadt-Parkhaus, das man von der Straße Am Pilgrimstein anfährt, um es dann – dank Aufzug – durch einen Zugang zur Oberstadt zu Fuß zu verlassen. Wie praktisch! Das Gebäude gibt es bereits seit 1972, zwischenzeitlich wurde es durch Büroetagen erweitert, und ein gläserner Aufzug über acht Etagen wurde auch noch eingebaut.

Ein architektonisches Highlight ist das massige Gebäude in der engen Straße trotzdem nicht. Umso erstaunlicher, dass es von der Europäischen Vereinigung für Erneuerbare Energien mit dem »Deutschen Solarpreis 2010« ausgezeichnet wurde. Das Highlight – im wahrsten Sinne des Wortes – befindet sich hier in luftiger Höhe: Der gläserne Durchgangsbereich vom unteren zum oberen Fahrstuhl war von jeher ein guter Aussichtspunkt mit einem beeindruckenden Blick auf Marburg.

Nach der Ausschreibung eines Glaskunstwettbewerbs der Stadt im Jahr 2010 betraute man den in Düsseldorf geborenen und für seinen Minimalismus bekannten Glaskünstler Jochem Poensgen mit der Gestaltung von »SolarGlasKunst«. Seither wird die von der GeWoBau Marburg betriebene, leicht geschwungene Galerie durch sieben Glaskunstwerke verschiedener Künstler unter Einbeziehung von Fotovoltaik bereichert – damals übrigens bundesweit einmalig im öffentlichen Raum.

Neben einer ständigen Ausstellung kann man auch wechselnde Exponate bestaunen – kostenfrei und bis spät in die Nacht.

Adresse Pilgrimstein 17, 35037 Marburg | ÖPNV Bus 10, Haltestelle Parkhaus Oberstadt | Öffnungszeiten 6–2.20 Uhr; Eintritt für Fußgänger frei | Tipp Schräg gegenüber dem Parkhaus befinden sich die Reste der Franziskuskapelle aus dem Jahr 1228, die auf die Nähe des historischen Elisabethhospitals verweisen. Dieses soll 110 Meter weiter nordöstlich gelegen haben, wo heute die nach ihr benannte Kirche steht.

94 Der Spiderman

Held der Oberstadt

Im Februar des Jahres 2016 tat es an einem stürmischen Dienstagnachmittag plötzlich einen lauten Knall, und die Spiderman-Figur, die vor dem Laden »Comic, Kitsch und Kunst« in windiger Höhe befestigt gewesen war und als heimliches Wahrzeichen der Oberstadt galt, fiel mehrere Meter in die Tiefe und brach sich dabei das Genick. Der Gute kam für einige Wochen in die Werkstatt und wurde erst Ende Mai von der Freiwilligen Feuerwehr mittels einer Drehleiter wieder an seinem angestammten Platz in der Barfüßerstraße angebracht. Die Tatsache, dass der Aufschrei wegen des Unfalls so groß war, zeigte, dass Spiderman für die Marburger mehr ist als eine schnöde Styropor-Figur. Als »Schutzpatron des Rathauses« wurde er bezeichnet, als Beschützer, der alle und alles im Blick habe. Genau wie Peter Parker, der Held der Marvel-Comics, der durch einen Spinnenbiss zum Spiderman wird und sich bereits in zehn Kinofilmen in Folge in die schöne »MJ« verliebt, kämpft er dort oben gegen das Böse und – na ja – manchmal auch gegen den Sturm.

Als der Superheld im Rahmen des Stadtfestes im Jahr 2000 aufgehängt wurde, gab es zunächst mal eine Anzeige: Der Laden »Comic, Kitsch und Kunst«, damals erst seit einem Jahr am Start, musste ihn entfernen und eine gehörige Strafe bezahlen. Es folgten Unterschriftenaktionen und Solidaritätskampagnen, während Spiderman im Cineplex zwischengeparkt wurde. Heute wird die Figur – übrigens neben dem Schloss das meistfotografierte Motiv der Stadt – nur ins Winterquartier geschickt, wenn die Weihnachtsbeleuchtung den Platz beansprucht. Der Laden von Fiddy Bode jedenfalls profitiert nach wie vor von dem berühmten Sohn der Stadt.

Fehlt nur noch, dass es in dem kleinen Laden, der bis unter die Decke vollgestopft ist mit Comicbüchern und Mangas, auch noch Kaffeetassen und T-Shirts mit Spiderman-Aufdruck zu kaufen gibt. Sicher nur eine Frage der Zeit …

Adresse Barfüßerstraße 51, 35037 Marburg | ÖPNV Bus 10, Haltestelle Marburg Markt | Öffnungszeiten Mo–Mi 13–18 Uhr, Do–Sa 11–18 Uhr | Tipp Auf dem sogenannten Bärenbrunnen in der Barfüßerstraße/Ecke Schneidersberg sitzt übrigens kein Bär, sondern ein Löwe. Der Name des Brunnens stammt vom berühmten Gasthaus »Zum Bären«, das sich früher in der Barfüßerstraße 48 befand.

95 Die Spuren der Pferdebahn

Rillengleise am Wilhelmsplatz

Man kann sie nur sehen, wenn man den Blick zum Boden senkt: die gebogenen Gleise, die am Wilhelmsplatz auf Höhe der Ockershäuser Allee 1 plötzlich aus dem Asphalt ragen und dann über 90 Meter kurvenartig um das Gebäude führen. Diese mehr als 100 Jahre alten Gleise stammen tatsächlich aus einer Zeit, als es in Marburg noch eine Bahn gab, die von Pferden gezogen wurde. Seit der Eröffnung des Marburger Hauptbahnhofs im Jahr 1850 war der Verkehr stark angestiegen, weshalb man 1878 zunächst ein Taxiunternehmen mit Droschken einrichtete. 1903 wurden dann die Streckengleise für eine Pferdestraßenbahn vom Hauptbahnhof über den Rudolphsplatz und den Wilhelmsplatz zum Südbahnhof verlegt, wo sich zeitweise die Endhaltestelle befand und die Pferde abends ausgespannt wurden, um sie – gemeinsam mit den Wagen – über Nacht in einer Remise zu parken.

Zehnmal am Tag konnten sich die Passagiere damals mit Hilfe von Pferdestärken in die Innenstadt transportieren lassen. Pikant: Als sich die Stadt für den Ausbau der Pferdebahn entschied, lagen im Grunde schon die Pläne für eine elektrische Straßenbahn vor. Deshalb nutzte man später das gesamte Gleisnetz erst einmal weiter für die »Elektrische«, um zusätzliche Kosten zu sparen. Die Pferdewagen hatten dann endgültig ausgedient, und es wird bis heute gemunkelt, man habe die sechs alten Pferdebahnwagen im März 1912 vom Bauhof weg an Privatleute verhökert, die sie teilweise als Gartenhäuschen verwendeten.

Auch in den Jahrzehnten danach nutzte man die inzwischen stillgelegte Strecke am Wilhelmsplatz, um mittels Loren Lasten in den alten Schuppen zu transportieren, der im hinteren Bereich der Anlage errichtet worden war. Neuerdings gibt eine Hinweistafel Auskunft, die rechts neben den Schienen an einer Mauer angebracht wurde.

Adresse Ockershäuser Allee 1, 35037 Marburg | ÖPNV Busse 1, 3, 4, 5, 7, 27, 383, Haltestelle Wilhelmsplatz | Tipp »Das kleine Restaurant« mit seinem urigen Wintergarten befindet sich just im Nachbarhaus und ist für seine ambitionierte regionale Küche bekannt. Hier gibt es wöchentlich wechselnde Vier-Gänge-Menüs für rund 60 Euro (www.das-kleine-restaurant.de).

96 Die Stadtautobahn

Hässliches in Hessen

Als man in den frühen 1970er Jahren mit der Autobahnbrücke die Sicht auf den Bahnhof verbaute und die dazugehörige Schnellstraße durch die beschauliche Stadt zog, wollte man eigentlich den ansteigenden Verkehr aus der Stadt heraushalten. So sollte aus »Marburg an der Schranke«, wo man zuvor vor dem Bahnübergang an der neuen Kasseler Straße immer wieder im Stau gestanden hatte, eine zügig durchfahrbare Stadt werden. Im Jahr 1964 gab es für die Bürger deshalb als »Festgeschenk zu Weihnachten« – so die Presse – erst einmal eine Brücke über den störenden Bahnübergang. Bis 1974 wurde dann auch der Rest der Stadtautobahn gebaut, die nicht nur der damalige hessische Minister für Industrie und Technik Heinz Karry als »Bauwerk von hohem Rang« feierte. Dabei hatten neben einigen Gebäuden auch der alte Friedhof bei St. Jost und die gute alte Lahn unter dem Bau leiden und Platz schaffen müssen.

Dass die neue B3a, die direkte Verbindung von Frankfurt nach Kassel, nun entgegen der ursprünglichen Idee noch mehr Verkehr anzog als zuvor, war dann eigentlich keine Überraschung mehr. Denn wie heißt es doch so schön: Wer Straßen sät, wird Verkehr ernten. Heute brettern pro Tag rund 48.000 Fahrzeuge mit Tempo 100 durch die Stadt und hinterlassen dabei schlechte Luft und viel Lärm. Überlegungen, die Straße unter die Erde zu verlegen, sind jedoch bislang gescheitert. Zu teuer, zu aufwendig. Und die aktuelle Verbindung ist offenbar einfach zu gut in Schuss.

Denn erst 1992 ließ man die Autobahnbrücke am Bahnhof für 2,7 Millionen Mark generalüberholen. Immerhin hat es die ungeliebte Straße – trotz buntem Brückenanstrich durch das Farbstudio Garnier aus Bad Kreuznach – in die Sendung »Hässliches in Hessen« des Hessischen Rundfunks geschafft: Es gibt also doch ein bisschen Ruhm, Glanz und Gloria für ein Projekt, das von Anfang an umstritten war und das niemand so recht leiden kann.

Adresse Autobahnbrücke am Bahnhof, 35039 Marburg | ÖPNV alle Busse, Haltestelle Marburg Bahnhof | Tipp Wer auf Autos ganz besonderer Art steht, kann sich im Stadtteil Cyriaxweimar das 1. Deutsche Polizeioldtimer Museum anschauen, das Fahrzeuge aus mehreren Jahrhunderten deutscher Polizeigeschichte zeigt (www.polizeioldtimer.de).

97 Die Stolpersteine

Wider das Vergessen

Ein Mensch ist erst vergessen, wenn sich niemand mehr an seinen Namen erinnert – so steht es im Talmud, einem der bedeutsamsten Schriftwerke des Judentums. Mit den sogenannten Stolpersteinen, die Gunter Demnig seit mehr als 30 Jahren vor den Wohnhäusern der Menschen anbringt, die von den Nationalsozialisten verfolgt, verschleppt und ermordet wurden, leistet der Kölner Künstler einen enormen Beitrag in Sachen Erinnerungsarbeit und Aufarbeitung des dunkelsten Kapitels deutscher Geschichte.

Bis heute hat Demnig über 90.000 Steine in 1.800 europäischen Kommunen im öffentlichen Raum verlegt – in Marburg kann man die goldglänzenden Steine an 39 Orten besuchen. Hintergrundinformationen zu den Menschen, denen gedacht werden soll, werden im Auftrag der Geschichtswerkstatt und von Marburger Schülern zusammengetragen und auf einer Website veröffentlicht. So auch das Schicksal von Meier und Jeanette Drucker, die in ihrem Wohnhaus in der Ockershäuser Allee 82 ein Geschäft betrieben.

Als man dem Vieh- und Eisenwarenhändler am 1. April 1938 die Zulassung für den Viehhandel entzog, wanderte einer seiner beiden Söhne, Jakob, in die USA aus. Sein Bruder Max dagegen wurde im Mai 1942 deportiert und drei Monate später im KZ Lublin-Majdanek ermordet. In der Nacht vor ihrer eigenen Deportation – wohl ahnend, dass es keine Wiederkehr geben würde – verteilten die Geschäftsleute ihr Hab und Gut vor den Türen ihrer ehemaligen Kunden. Beinahe brachten so die Milchkannen, das Pferdegeschirr und die Töpfe nun auch die in Gefahr, die dem jüdischen Geschäft lange die Treue gehalten hatten.

Am 6. September 1942 wurde die Familie über das Lager Theresienstadt mit dem sogenannten »Todestransport« nach Maly Trostinez gebracht, von wo sie nie zurückkehrte. Die Nachkommen leben heute in den USA. Auch für sie dürfte die Erinnerungsaktion wichtig sein.

Adresse Ockershäuser Allee 82, 35037 Marburg, www.geschichtswerkstatt-marburg.de | **ÖPNV** Bus 16, Haltestelle Höhenweg | **Tipp** Anlässlich des 800-jährigen Stadtjubiläums hat die Firma Inosoft die Alte Synagoge am Obermarkt aus dem 14. Jahrhundert auf der Grundlage von Fotos und alten Zeichnungen virtuell nachgebildet. Die VR-Brillen, mit denen man sich das Gebäude maßstabsgetreu anschauen kann, liegen in den Geschäftsräumen Am Rudert 15 aus und können kostenlos genutzt werden.

98 Das Tastmodell

Der schiefe Turm von Marburg

Weil der Turm der Lutherischen Pfarrkirche zwischen Rübenstein und Schloss so dermaßen schief in den Himmel ragt, gehört das Gebäude aus dem 14. Jahrhundert zu den meistfotografierten Motiven der Stadt. Der Legende nach wird der Turm der ältesten Pfarrkirche Marburgs erst wieder gerade, wenn die erste Medizinstudentin als Jungfrau die Marburger Universität verlässt – ein alter Kalauer, der auf das unmoralische Treiben in der Studentenstadt anspielt.

Doch wie erschließt sich den Menschen, die sehbehindert oder blind sind, der Zauber derartiger Bauwerke? Eine Frage, der man sich unter anderem beim Verein »Marburg für Alle« annahm, der sich schon seit Langem für die Förderung des Tourismus von Menschen mit Beeinträchtigungen einsetzt. In Kooperation mit der Stadt und dem Hessischen Ministerium für Soziales und Integration beauftragte man bei der Kunstgießerei Pfeifer in Stadtallendorf ein Tastmodell der Lutherischen Pfarrkirche aus Bronze, das auf Grundlage der Original-Baupläne angefertigt wurde. Den Sandsteinsockel erstellte die Bildhauerei Trautmann aus Hermershausen.

Seit 2019 kann man nun also jedes auch noch so kleine Detail wie die feingliedrigen Ziegel, die glatte, strebepfeilerlose Wand des Gebäudes und natürlich auch den wohl durch die permanente Sonneneinstrahlung verzogenen hölzernen Turm ertasten. Das Angebot wird im Übrigen auch sehr gern von sehenden Touristen genutzt, um die Stadt besser »begreifen« zu können. Zum Glück sind ja bereits seit Jahren mehrere Tastmodelle in der ganzen Stadt verteilt, allerdings mit sehr unterschiedlichen Maßstäben: Während die in der Reichspogromnacht zerstörte Synagoge im Maßstab 1:50 geschaffen wurde, hat das Modell der Elisabethkirche einen Maßstab von 1:125 – dargestellt sind zudem noch verschiedene angrenzende Gebäude auf einer Platte von 60 mal 38 mal 65 Zentimetern. Beschriftet sind die Miniatur-Gebäude alle in der international bekannten Brailleschrift.

Adresse Lutherischer Kirchhof 1, 35037 Marburg | **ÖPNV** Bus 10, Haltestelle Markt | **Öffnungszeiten** frei zugänglich; Infos über spezielle Stadtführungen für blinde und sehbehinderte Menschen unter www.marburg-tourismus.de | **Tipp** In der Unterführung des Bahnhofs befindet sich zwischen Treppe und Aufzug zur Bahnhofshalle auf der linken Seite ein taktiler Lageplan aller Bahnsteigzugänge, in der Bahnhofshalle ist ein kompletter Lageplan des Gebäudes angebracht.

99 Die Tennisspielerin

Sport in Hanglage

Als Dr. Carl Duisberg (1861–1935) – Chemiker, Generaldirektor des Bayer-Konzerns und späterer Aufsichtsratsvorsitzender der IG-Farben – anlässlich des 400-jährigen Jubiläums der Philipps-Universität im Jahr 1927 das nach ihm benannte Haus dem Verein Studentenheim Marburg e. V. übergab, wurde damit einer der Grundsteine zur Versorgung der Marburger Studierenden mit günstigem Wohnraum gelegt. Damals gab es an der Stelle, an der heute ein Erweiterungsbau von 1959 steht, noch einen Tennisplatz, der zur körperlichen Ertüchtigung diente. So erklärt sich auch der etwas unmotiviert scheinende Standort der Bronzeplastik »Tennisspielerin« des Künstlers Carl Stock (1876–1945) aus dem Jahr 1927, die in stark abfallender Hanglage auf einem Rasenstück ihren Platz gefunden hat.

Die 1,40 Meter kleine, nackte Frau macht einen weiten Ausfallschritt, scheint mitten im Bewegungsablauf zu verharren. Ihr rechter Arm, in dem sie den Schläger hält, holt aus, die linke Hand fasst den Ball, der Blick ist zielsicher in die Ferne gerichtet – Hauptsache, die zurückgekämmte, akurate Frisur sitzt.

Der Bildhauer aus Kesselstadt, der auch für seine dekorativen Brunnengestaltungen bekannt war, schuf immer wieder Figuren, die idealisierte Frauen- und Männerkörper darstellten. Dass die Tennisspielerin hier nicht im Sportdress, sondern nackt gezeigt wird, soll von der Individualität der Studierenden ablenken. Hier geht es nicht um eine bestimmte Person, sondern um die allgemeine Tatsache, dass sportliche Betätigung jedem guttut und zu einem perfekten (weiblichen) Körper führt. Stock gilt so als einer der Pioniere einer Kunstrichtung, die später unter den Nationalsozialisten gang und gäbe, aber eben auch umstritten war.

Wer sich in dem Studentenwohnheim Dr.-Carl-Duisberg-Haus einquartieren möchte, muss übrigens mit einer Monatsmiete von 210 bis 250 Euro pro Zimmer rechnen.

Adresse Gisonenweg 2, 35037 Marburg | ÖPNV Bus 10, Haltestelle Sybelstraße | Tipp Auch die Volkshochschule wartet mit einem umfassenden Sportangebot auf. Man kann Kurse in Federball, Hockey oder auch Basketball belegen (www.vhs-marburg.de).

100_Der Tierfriedhof

Unvergessen am Rotenberg

Jasper war ein Kaninchen, das sehr geliebt wurde. Denn als es am 6. März 2022 verstarb, pachtete seine Menschenfamilie ein Grab auf dem Tierfriedhof am Rotenberg. Seitdem wird sein letzter Ruheplatz liebevoll mit Windrädern und Blumen geschmückt. Auch ein Foto des braun gescheckten Tiers fehlt nicht auf dem weißen Holzkreuz, ganz ähnlich wie bei Gräbern von Menschen. Die Besitzer von Mops Bauko (2005–2013) oder Katze Merle Maier (2010–2022) kümmern sich ebenfalls rührend um die Gräber ihrer Haustiere, andere Grabstellen sind im Laufe der Jahre verwahrlost und von Gestrüpp überwachsen – ein eher trauriger Anblick.

Seit dem 1. Januar 2011 gibt es nach einem Beschluss des Stadtparlaments in Marburg einen Tierfriedhof. Aus der Zeit stammen auch die ältesten Gräber auf dem 700 Quadratmeter großen Gelände mit weitem Blick über die Felder oberhalb der Stadt. Für zunächst drei Jahre kann man eine Grabstelle pachten, außerdem kann man zwischen verschiedenen Überführungen, unterschiedlichen Sargmodellen und diversem Bestattungszubehör wählen – zuständig für all das ist die gemeinnützige Beschäftigungs- und Bildungsgesellschaft Praxis GmbH mit Sitz in der Gisselberger Straße, die sogar einen Flyer entworfen hat.

Wenn man bedenkt, dass in Deutschland etwa 1,3 Millionen Hunde und Katzen pro Jahr versterben, ist die Tierbestattung auf einem Friedhof eine gute Alternative zur Beerdigung auf Privatgrundstücken, was sowieso nur unter gewissen Bedingungen erlaubt ist. Nach Angaben des Bundesverbands der Tierbestatter gibt es in Deutschland mittlerweile mehr als 30 Krematorien, und auch die Anzahl der Tierfriedhöfe – vor Kurzem lag sie bei 150 – wächst stetig. In Marburg jedenfalls lädt eine überdachte Hütte zum Verweilen ein und gibt den Trauernden die Möglichkeit, mit anderen ins Gespräch zu kommen. Geteiltes Leid ist eben halbes Leid.

Adresse Oberer Rotenberg, 35037 Marburg | **ÖPNV** Busse 10, 16, Haltestelle Höhenweg | **Öffnungszeiten** Mo–Fr 9–15 Uhr | **Tipp** Der neu angelegte Tierfriedhof Waldfried in Unterrosphe liegt am Naturschutzgebiet am Hollenberg. Befestigte Waldwege laden dort zum Spazieren ein.

101 Die Tom-Mutters-Straße

Zu Ehren des Gründers der Lebenshilfe

Bereits kurz nachdem der 99-jährige Tom Mutters am 2. Februar 2016 in Marburg verstorben und auf dem Friedhof am Ortenberg beerdigt worden war, taufte man die ehemalige Industriestraße im Stadtteil Wehrda auf Beschluss der Stadtverordnetenversammlung in Tom-Mutters-Straße um. Welch eine Ehre für den Gründer der Lebenshilfe, dessen Name bis heute für das soziale Marburg steht. Inzwischen gibt es eine Biografie und ein Theaterstück über das spannende Leben des berühmten Sohnes der Stadt, der sich persönlich immer bescheiden im Hintergrund hielt.

Dabei wurde Mutters nicht in Marburg, sondern am 23. Januar 1917 in Amsterdam geboren. Nach dem Zweiten Weltkrieg wurde er zum UNO-Beauftragten für Displaced Persons ernannt – Zwangsarbeiter, KZ-Häftlinge und andere von den Nazis verschleppte Menschen. Vor allem das Elend geistig behinderter Kinder ging dem Psychologen nahe. Und da der rührige Mann offenbar zeitlebens die Begabung hatte, Menschen zu begeistern, setzte er sich gemeinsam mit seiner zweiten Ehefrau Ursula für die gute Sache ein.

Im Jahr 1958 gründete Mutters schließlich zusammen mit Eltern behinderter Kinder und verschiedenen Fachleuten in Marburg den Verein »Lebenshilfe für das geistig behinderte Kind«, aus dem später die Selbsthilfeorganisation mit aktuell rund 130.000 Mitgliedern und 16 Landesverbänden sowie 512 örtlichen Vereinigungen für geistig behinderte Menschen und deren Angehörige hervorgehen sollte: die Lebenshilfe. Läuft man die Tom-Mutters-Straße entlang, kommt man unter anderem an einem Baumarkt, einem Fotoladen und einem Supermarkt vorbei. Erst ganz am Ende stößt man auf eine der Lebenshilfe-Werkstätten, in denen Menschen mit Behinderung eine Eingliederung ins Arbeitsleben ermöglicht wird.

Adresse Lebenshilfewerk, Tom-Mutters-Straße 14, 35041 Marburg | ÖPNV Busse 4, 76, Haltestelle Am Kaufpark Wehrda | Tipp Die Bundesvereinigung der Lebenshilfe befindet sich in der Raiffeisenstraße in Marburg-Cappel. Hier kann man sich über die Arbeit der Lebenshilfe informieren. Wer Lust hat, kann sich auch als ehrenamtliche Kraft bewerben und in Tom Mutters' Fußstapfen treten.

102 Der Töpfer

Erinnerung an ein altes Handwerk

In der Ketzerbach arbeitet ein Töpfer Tag und Nacht an einem Steinkrug. Obwohl er so fleißig ist, scheint er nie zu altern. Die Sandsteinbüste aus dem Jahr 1984 erinnert an ein Handwerk, das jahrhundertelang zu den wichtigsten Wirtschaftszweigen der Stadt gehörte. Die Töpfer siedelten sich vor allem in den wassernahen Stadtgebieten an, am Ketzerbach oder in Weidenhausen.

Anfang des 19. Jahrhunderts begann man, auf den noch ungebrannten Ton diverse Dekorelemente aufzusetzen, und erschloss sich so einen neuen Absatzmarkt. Die »Marburger Dippchen« – in den Grundfarben Braun, Rotbraun, Grün und Blau gehalten – mit den filigranen Ornamenten erfreuten sich über die Stadtgrenzen hinaus großer Beliebtheit, vor allem, seit im Jahr 1850 die Bahnstrecke Marburg–Frankfurt eröffnet wurde und es die Ware nun auch in anderen Städten zu kaufen gab. So konnten sich im Jahr 1850 schon rund 600 Menschen in der Stadt direkt von dem Gewerbe ernähren, als Höchststand zählte man zehn Jahre später 58 ansässige Töpfermeister.

Marburg galt zwar als Zentrum der Herstellung von Töpferwaren, stand jedoch in stetiger Konkurrenz mit dem nahen Dreihausen. Zudem wollten unzählige Nachahmer landauf, landab auf den Erfolgszug aufspringen. Dennoch: Die Bezeichnung »Marburger Ware« setzte sich als Gattungsbegriff für sämtliche dekorierte Irdenware durch, die man heute noch in vielen Museen bestaunen kann.

Bis zum 31. Januar 2020 gab es als letztes Relikt aus dieser Zeit noch das Marburger Töpferhaus am Steinweg 8, das mit seiner Schließung eine jahrhundertealte Handwerkstradition beendete. Tatsächlich hatte die Familie Schneider die Kunsttöpferei stolze 211 Jahre betrieben und war dafür noch 2013 mit dem Hessischen Volkskunstsiegel ausgezeichnet worden. Eine Sammlung alter Keramik befindet sich im Waldecker Saal, der zum (derzeit leider geschlossenen) Museum für Kulturgeschichte gehört.

Adresse Ketzerbach, 35037 Marburg | ÖPNV Busse 5, 14, Haltestelle Wilhelm-Roser-Straße | Tipp Die Sammlung Pohl ist eine Privatsammlung mit Werken zeitgenössischer Kunst von 1950 bis heute, die das Ehepaar Dr. Ana Pohl und Reinfried Pohl zusammengetragen hat. Der öffentlich zugängliche Ausstellungsbereich befindet sich im Stadtteil Marburg-Cappel (Zu den Sandbeeten, www.sammlung-pohl.de).

103 Die Unibibliothek

Tempel des Wissens

Im Jahr 2014 war Spatenstich. Seitdem wurde fleißig abgerissen, gebuddelt, entworfen, gebaut. Seit 2018 steht nun auf dem Gelände zwischen Elisabethkirche und Altem Botanischen Garten – auf dem Campus Firmanei – der stolze Neubau der Unibibliothek, in dem knapp 3,2 Millionen Medien ein zeitgemäßes Zuhause gefunden haben. Neben dem Bestand der »alten« Philipps-Universität wurden auch die Bücher der Philosophischen Fakultät aus den Türmen der Wilhelm-Röpke-Straße 6 aufgenommen, außerdem die Bibliothek des Centrums für Nah- und Mittelost-Studien sowie die Lehrbuchsammlung zum Studiengang Europäische Ethnologie/Kultur- und Sozialanthropologie.

Bei einem zeitgemäßen Bibliotheksbau geht es nicht nur um die Menge der Bücher, sondern auch um deren Präsentation, um Service und Aufenthaltsqualität. Tatsächlich kommen nicht nur Studierende, sondern auch Abiturienten der Marburger Schulen zum Lernen in die UB. Den Nutzern stehen hier 1.200 moderne Arbeitsplätze zur Verfügung, die mit WLAN und Steckdosen ausgerüstet sind. Selbst die Sessel und Sofas haben einen Stromanschluss für Laptops, Tablets und Handys.

Die Ausgangslage auf dem lang gezogenen Gelände am Pilgrimstein schien für den Bau zunächst nicht optimal. Das transparente Konzept der Architekten ging jedoch offenbar auf: Das durch viel Glas und hellen Putz geprägte Gebäude ist einmal durchbrochen, um die Wege zwischen Nordstadt und Botanischem Garten zu erleichtern. Das Rot der benachbarten Sandsteinbauten findet sich an den Wänden wieder. Das lichtdurchflutete Haus bietet von innen immer neue Blickwinkel auf die Altstadt, und die Leseplätze im Obergeschoss ermöglichen den Studierenden eine wunderbare Aussicht auf den Teich und die Bäume des Alten Botanischen Gartens und die verschachtelten Fachwerkhäuser am Hang der Oberstadt.

Adresse Deutschhausstraße 9, 35037 Marburg | **ÖPNV** Busse 3, 5, 6, 7, 27, 383, Haltestelle Erwin-Piscator-Haus oder Volkshochschule | **Öffnungszeiten** täglich außer Feiertage 8–24 Uhr | **Tipp** Das Bildarchiv Foto Marburg wurde 1913 vom Kunsthistoriker Richard Hamann gegründet. Das Deutsche Dokumentationszentrum für Kunstgeschichte gehört mit 1,7 Millionen Aufnahmen zu den größten Bildarchiven zur europäischen Kunst und Architektur.

104 Die Verblendung

Kriegerdenkmal hinter Gittern

Bis vor wenigen Jahren störte sich offenbar kaum jemand an dem Kriegerdenkmal aus dem Jahr 1923, das an das Bataillon der Marburger Jäger erinnern soll. Seltsam, wenn man bedenkt, dass die Männer – vornehmlich Jäger und Förster und somit gemeinhin waffenerprobt – Kriegsverbrechen auf der ganzen Welt begangen haben. Erst als die Marburger Geschichtswerkstatt im Auftrag des Stadtparlaments die Geschichte des Bataillons aufarbeitete, entschloss man sich im Jahr 2016 nach langen Diskussionen endlich für eine sichtbare kritische Auseinandersetzung.

Die Ausschreibung gewann der Künstler Heiko Hünnerkopf, der der Verblendung der Marburger Jäger im militaristischen Kaiserreich symbolisch etwas entgegenzusetzen wusste: Er verblendete die Säule im wahrsten Sinne des Wortes mit Winkelprofilen, die – je nachdem, wo man steht – einen gebrochenen Blick auf das alte Denkmal freigeben. Daran sind zudem Erinnerungstafeln angebracht, die über die blutigen Einsätze des Kurhessischen Jäger-Bataillons Nr. 11 im Deutsch-Französischen Krieg 1870/71, im Kolonialkrieg in China 1900/01, von 1904 bis 1907 in Südafrika, 1914 im belgischen Dinant und 1919 in Königshütte im heutigen Polen Auskunft geben. Grausam waren auch die Einsätze in Südwestafrika, die mit der Ermordung der Völker der Herero und Nama verbunden waren. Vom preußischen König Wilhelm I. im Jahr 1866 dem Heer unterstellt, kamen die Marburger Jäger in der sogenannten Jägerkaserne unter und bekleideten hohe Posten in der Stadtgesellschaft.

Übrigens gab es in dem von Fritz Encke gestalteten und 1915 zu Ehren des damaligen Oberbürgermeisters Ludwig Schüler eröffneten Park schon einmal ein Denkmal, das aus der Zeit des Ersten Weltkriegs stammte. Von dem »Nageldenkmal«, in dessen Holzpfosten man zur Unterstützung der Soldaten Nägel hämmern konnte, ist nur noch ein Sockel auf dem Spielplatz vorhanden.

Adresse Ludwig-Schüler-Park (zwischen Bahntrasse und B3 am östlichen Ufer der Lahn), 35039 Marburg | ÖPNV Bus 76, Haltestelle Ludwig-Schüler-Park | Tipp Ganz in der Nähe befindet sich das Kulturzentrum Waggonhalle. In dem ehemaligen Bahngebäude finden regelmäßig Konzerte und Theateraufführungen statt, außerdem einmal pro Monat ein Outdoor-Flohmarkt (www.waggonhalle.de).

105 Der Vitos-Pfad

Spurensuche im Park der psychiatrischen Klinik

Wer kennt Dagwood Bumstead alias Dankwart Bumskopp aus dem amerikanischen Comic »Blondie«? Die erste Folge des Comicstrips von Chic Young erschien bereits 1930. Unter dem Dach von Haus 5 auf dem Gelände des Vitos Klinikums Gießen-Marburg kann man noch so einigen anderen Stars und Sternchen begegnen: Seit nunmehr 70 Jahren zieren neben Pin-up-Girls in Lebensgröße auch Bilder von Donald Duck und Bugs Bunny in Frauenkleidern die »Amerikanische Bar«, in der US-Soldaten, die von 1945 bis 1947 in der Landesheilanstalt stationiert waren, sicher die eine oder andere gesellige Stunde verbrachten. »Clem is watching you« steht da gut leserlich an der Wand – wohl eine Anspielung auf einen der hohen Offiziere, die damals gern alles im Blick hatten. Die Bar ist nur eine von 13 Stationen des neu angelegten Historischen Pfads, der Interessierten einen Rundgang auf eigene Faust durch den Vitos Park ermöglicht und so die wechselvolle Geschichte der psychiatrischen Klinik erlebbar macht.

Zu Beginn war die Klinik lediglich für 300 Menschen mit psychischen Erkrankungen vorgesehen, Frauen und Männer waren strikt getrennt untergebracht. Im Jahr 1876 gegründet, war sie eine der ältesten psychiatrischen Kliniken in Hessen. Ab 1937 wurden in einem der Gebäude Zwangssterilisationen an Männern durchgeführt. Ab 1939 wurden die Häuser als Lazarett oder zur Unterbringung von Zwangsarbeitern genutzt. Nach der amerikanischen Besatzung bis 1947 mussten schließlich einige Gebäude für die vielen Tuberkulosekranken in Deutschland hergerichtet werden, unter anderem auch ein bereits vorhandenes Gefangenenhospital.

Heute werden in der Klinik, die zum Vitos-Verbund gehört, ausschließlich Menschen mit psychischen Erkrankungen behandelt. Viele von ihnen werden gar nicht ahnen, an welch historischem Ort sie sich hier in Therapie begeben.

Adresse Cappeler Straße 98, 35039 Marburg, www.vitos.de/historie-marburg | **ÖPNV** Busse 1, 2, 4, 6, 12, 13, 19, 81, 86, Haltestelle Marburg Stadtbüro | **Öffnungszeiten** ganzjährig zugänglich | **Tipp** Im Gesundheitsgarten der Stadt Marburg – idyllisch im Park der Vitos Klinik gelegen – engagieren sich seit 2012 verschiedene Initiativen zum Thema Gesundheit. Neben der GartenWerkStadt und einer Backhausgruppe lockt der Kräutergartenbereich (www.gartenwerkstadt.de).

106 »Wählt Thälmann!«

Botschaft an der Hausfassade

Als Ernst Thälmann im Jahr 1932 für die KPD bei der Reichspräsidentenwahl kandidierte, hatte er offenbar auch in Marburg einige Anhänger. Einer von ihnen muss jedenfalls den Aufruf »Wählt Thälmann!« an die Wand des Fachwerkhauses an der Ecke Am Markt/Nikolaistraße hinterlassen haben. Dass das Graffiti – erst seit Kurzem durch eine Plastikscheibe geschützt – all die Jahrzehnte überlebt hat, ist tatsächlich eine kleine Sensation.

Ernst Johannes Fritz Thälmann (1886–1944) war bis zu seiner Verhaftung im Jahr 1933 Vorsitzender der Kommunistischen Partei Deutschlands, die er von 1924 bis 1933 auch im Reichstag vertrat. Unter den Nationalsozialisten wurde die Partei schließlich verboten und eine Vielzahl der KPD-Mitglieder verhaftet, darunter auch Thälmann, den man wenige Tage nach dem Reichstagsbrand im März 1933 in Berlin aufspürte. Der damals bereits 57-Jährige saß zehn Jahre in Einzelhaft und wurde dann – wohl im August 1944 auf persönlichen Befehl Adolf Hitlers – im KZ Buchenwald erschossen. Auch in Marburg besetzte man Ende Februar 1933 das Parteibüro in der Barfüßerstraße 7 und verhaftete zeitgleich den Vorsitzenden der KPD-Ortsgruppe Oskar Müller und seine Genossen Philipp Grösser und Alfred Kruse. Man warf ihnen vor, die Sprengung der Schlossparkbühne vorbereitet zu haben.

Dass man den Wahlaufruf des Thälmann-Sympathisanten damals nicht entfernte, könnte der Tatsache geschuldet sein, dass das Fachwerkhaus zeitweise verputzt und die Schrift viele Jahre gar nicht mehr sichtbar gewesen war. Später dann, nach der Freilegung des Fachwerks, stapelte man immer wieder Stühle eines angrenzenden Cafés davor und versperrte unabsichtlich die Sicht auf das Fundstück. Heute hat sich die Denkmalpflege dieses Relikts vergangener Tage angenommen und es – jenseits von jedem parteipolitischen Dünkel – vor dem endgültigen Verblassen gerettet.

Adresse Am Markt 21, 35037 Marburg | **ÖPNV** Bus 10, Haltestelle Am Markt | **Tipp** Der sogenannte Antifaschistische Stadtrundgang, den man mit Hilfe einer Audio-Einführung, einer Broschüre und der ausführlichen Website selbst durchlaufen kann, umfasst insgesamt 30 Stationen in der Marburger Innenstadt (www.digiwalk.de).

107_Die Wetterfahne

Mit der Pike in den Wind

Genau genommen hat das Marburger Rathaus mindestens zwei Wetterfahnen – eine, die neueren Datums ist, und eine historische. Während im 19. Jahrhundert ein Reiter mit Topfhelm und Dreiecksschild wie auf dem Stadtsiegel in luftiger Höhe Station bezog, hielt zuvor seit dem Jahr 1663 ein eher kläglicher Reitersmann dort oben seine Fahne in den Wind. Schaut man sich die schmiedeeiserne Wetterfahne etwas genauer an, erkennt man darauf einen einfachen Soldaten, wohl einen Dragoner, also einen berittenen Infanteristen, der lediglich eine Kopfbedeckung ohne Gesichtsschutz trägt und auch sonst nur eine Lanze hält, die im Laufe der Jahrhunderte sogar abgebrochen ist.

Im Dreißigjährigen Krieg waren die Dragoner meist nur mit einer Pike bewaffnet und wurden eher für niedere Tätigkeiten eingesetzt als in den großen Schlachten. Die Marburger Bevölkerung, die während des blutigen Religionskriegs zwischen 1645 und 1647 zweimal belagert und geplündert wurde, konnte keine gute Meinung von denjenigen haben, die willkürlich ihre Häuser ausraubten, brutal ihre Frauen vergewaltigten und ihre Felder verwüsteten. Auf jeden Fall entschieden sich der Oberbürgermeister Hans Georg Sauer (1610–1668) und der Unterbaumeister Hans Philipp Alt (circa 1614–1673) bei der kostspieligen Wetterfahne offenbar bewusst nicht für die Darstellung eines Helden, sondern für die eines hemdsärmeligen, etwas aufgedunsen wirkenden Reiters auf einem eher drollig aussehenden Gaul. Vielleicht, um zu zeigen, dass sie selbst die wahren Helden der Stadt waren? Denn neben dem Kriegsverlierer setzten die beiden sich selbst noch ein Denkmal, indem sie ihre Initialen auf der Wetterfahne anbringen ließen: HGS und HPA.

Übrigens reitet der Soldat auf der neuen Wetterfahne – vollkommen ungewöhnlich – gegen den Wind. Das kann man aber nur mit gutem Auge oder mit einem Feldstecher erkennen.

Adresse Markt, 35037 Marburg | **ÖPNV** Bus 10, Haltestelle Marburg Markt | **Öffnungszeiten** Die historische Wetterfahne wird in den nächsten Jahren in verschiedenen Wechselausstellungen gezeigt, da der Wilhelmsbau im Schloss bis auf Weiteres nicht zugänglich ist. Den Anfang machte 2022 die Ausstellung »Stadtansichten« zum 800. Stadtjubiläum. | **Tipp** In der Augustinergasse 5, direkt am Treppenaufgang, befindet sich der Nähladen Zweistich. Hier kann man sich Kissen und andere hübsche Dinge ganz individuell mit dem eigenen Namen besticken lassen. Außerdem gibt es Flöten- und Rollmäppchen und Kulturtaschen aus der eigenen Stoffkollektion.

108 Die Wichtelhäuser

Felsformation aus grauer Vorzeit

Hätten sich die Menschen weiterhin an die Vereinbarung gehalten, wäre alles gut gewesen. Der Sage nach wurde den Wichteln, die seit jeher auf dem 474 Meter hohen Wollenberg lebten, aber übel mitgespielt.

Der Wollenberg liegt an der Nahtstelle zwischen dem Marburger Bergland und den Sackpfeifen-Vorhöhen – eine urige, bewaldete Gegend. Seit Menschengedenken haben die Wichtelmänner dort nach Gold und Edelsteinen gegraben, um die Ausbeute bei den Bürgern im nahen Brungershausen gegen Essen, Kleider und Werkzeug einzutauschen. Nachdem die raffgierigen Menschen die Tauschbedingungen jedoch unverschämt angezogen hatten, machten sie sich auch noch selbst auf den Weg, um nach Gold zu suchen. Das nahmen ihnen die kleinen Männchen krumm und türmten vor Wut alle Steine, die sie finden konnten, auf einen Haufen. So kam keiner mehr an die Erdschätze heran. Nur einen kleinen Spalt ließen sie offen, in dem sie nach und nach verschwanden – bis heute hat die Wichtelmänner keiner mehr gesehen.

Reinhard Richstein, der auch die Brungershausener Dorf-, Haus- und Familienchronik herausgegeben hat, hat die Geschichte aufgeschrieben, die man heute am Fuß der Felsformation nachlesen kann. Geologen dagegen vertreten eine andere Theorie: Die Wissenschaftler gehen davon aus, dass durch eine starke Vulkantätigkeit Erdverschiebungen stattgefunden und den Kammquarzit an die Oberfläche getrieben haben. Und zwar zu einer Zeit, als es weder Menschen noch Wichtel gab: vor rund 340 Millionen Jahren.

Der Weg durch den Wald zu den sogenannten Wichtelhäusern ist recht steil und dauert circa eine halbe Stunde. Man kann dort nach einer kleinen Kletterrunde auf den großen Steinquadern verweilen und den grandiosen Blick auf das Lahntal zwischen Buchenau und Caldern genießen, wo sich im 13. Jahrhundert ein Kloster befand, auf dessen Mauern der heutige Ort erbaut wurde.

Adresse 35094 Lahntal-Brungershausen | **ÖPNV** Bus 14, Haltestelle Sterzhausen; besser Bus 481, Haltestelle Brungershausen | **Anfahrt** B62 nach Biedenkopf, Parkmöglichkeiten am Startpunkt der Wanderung | **Tipp** Auf dem höchsten Punkt des Wollenbergs – ganz in der Nähe der Wichtelhäuser – soll sich eine kleine Kapelle befunden haben. Ein verfallener Steinwall erinnert noch heute an die Eckelskirche, mit deren Steinen angeblich die Martinskirche im nahen Michelbach erbaut wurde.

109 Die Zeiteninsel

Am Anfang war der Fund

Zwischen Niederweimar und Argenstein kann man bald eine Zeitreise der ganz besonderen Art antreten: Auf der sogenannten Zeiteninsel wurde nämlich ein Lager mittelsteinzeitlicher Jäger und Sammler errichtet, wie es vor rund 11.000 Jahren ausgesehen haben könnte. Außerdem kann man ein germanisches Gehöft aus der römischen Kaiserzeit um Christi Geburt besichtigen und noch drei weitere Zeitstationen. Organisiert wird das in Hessen einmalige Freilichtmuseum von der Genossenschaft Zeiteninsel eG, in der die Gemeinde Weimar, der Landkreis Marburg-Biedenkopf und die Stadt Marburg zusammenarbeiten, um menschliches Wirken aus elf Jahrtausenden anschaulich zu vermitteln – und im Idealfall daraus sogar Schlüsse für die Zukunft zu ziehen.

Der Ort dafür ist nicht willkürlich gewählt, denn hier wohnten tatsächlich bereits vor vielen Jahrtausenden Menschen. Eigentlich hatte man eine frühe Besiedlung der Lahnaue wegen der regelmäßig wiederkehrenden Hochwasser immer für unmöglich gehalten, bis man in den 1990er Jahren im Zuge archäologischer Begleituntersuchungen des Kiesabbaus bei Niederweimar überraschend auf Kulturzeugnisse der Mittelsteinzeit und späterer Epochen stieß. Das Zusammenspiel von Wasser und Land spielte für die Menschen an diesem Ort immer eine große Rolle, sowohl als Lebensgrundlage wie auch als Bedrohung. Angekommen in der Römerzeit, staunt man nicht schlecht: Wurden doch genau hier nicht nur Töpferwaren, sondern auch Grundrisse von drei Wohnstallhäusern entdeckt, die nun wieder nachgebaut werden sollen.

Hintergrundinfos, Toiletten und einen Museumsshop wird es zukünftig im Insel-Zentrum geben, das vom Stuttgarter Architekturbüro »Birk Heilmeyer und Frenzel Architekten« in Form zweier Uhrzeiger entworfen wurde. Die Uhr tickt weiter, aber hier auf der Zeiteninsel vermag man die Zeit für einen kurzen Moment anzuhalten.

Adresse Wenkbacher Straße 16, 35096 Weimar-Argenstein | **ÖPNV** RMV-Bus, Haltestelle Wenkbacher Straße in Argenstein, drei Minuten zu Fuß; Regionalbahn nach Niederweimar, 20 Minuten zu Fuß oder mit dem Rad entlang des Lahntalradwegs | **Öffnungszeiten** Besichtigung nach vorheriger Absprache per E-Mail an fuehrungen@zeiteninsel.de | **Tipp** Der nahe Seepark Niederweimar bietet neben einem großen Badestrand und einem Wasserspielplatz auch einen Mega-Blob, mit dem man sich in einem bis zu zehn Meter hohen Bogen ins Wasser katapultieren lassen kann. Außerdem gibt es dort eine Wasserskianlage.

110 Das Zollamt-Relief

Klischees am Bau

Seitdem Ende Oktober 1950 der Neubau des Zollamts in der Ernst-Giller-Straße feierlich eröffnet wurde, gibt es in Marburg wieder eine Anlaufstelle für Zölle, Verbrauchssteuern, Marktordnungsrecht, Rechtsbehelfe, Warenursprung und Außenwirtschaftsrecht. Nachdem das alte Gebäude am 12. März 1945 bei einem Bombenangriff bis auf die Grundmauern niedergebrannt war, hatte man sich im Sommer 1948 an den Wiederaufbau gemacht.

Über dem Eingang des inzwischen unter Denkmalschutz stehenden Hauses, das direkt an einer viel befahrenen Hauptstraße liegt, prangt ein heute umstrittenes Keramik-Relief des Künstlers Rolf Weber (1907–1985) aus Hofgeismar, der sich dem Thema des grenzüberschreitenden weltweiten Handels annahm. Es zeigt eine Gruppe von Menschen, die verschiedene Berufe ausüben, zum Beispiel Chemiker, Plantagenbauer oder auch Hüttenarbeiter, und von unterschiedlichen Kontinenten – Europa, Afrika und Asien – zu stammen scheinen. Für die damalige Zeit nicht untypisch, spart der renommierte Keramikkünstler doch nicht mit Stereotypen, posthum muss er sich deshalb nun den Vorwurf einer kolonialistischen und rassistischen Darstellung gefallen lassen.

Vermutlich inspiriert durch Reklame- und Werbeplakate, sind die vier Männer nebeneinander aufgereiht und scheinen – so der Vorwurf – miteinander in keiner oder sogar feindlicher Verbindung zu stehen. So wurde Ende 2016 im Marburger Stadtparlament die Frage vorgetragen, ob so etwas nicht wenigstens eines erklärenden Hinweisschildes bedürfe. Ein interdisziplinäres Forschungsprojekt des Fachbereichs Politikwissenschaft und eine Ausstellung im Juni 2020 sollten die Diskussion eher weiter entfachen als abschließen, so der Wunsch der Forschungsgruppe. In Zukunft soll das Relief nun sogar eine eigene Seite im Internet bekommen, auf der die gesamte Debatte immer wieder aktualisiert werden kann.

Adresse Ernst-Giller-Straße 2, 35039 Marburg, www.marburg.de/zollamt | ÖPNV alle Busse, Haltestelle Hauptbahnhof | Tipp Der Hessische Denkmalschutzpreis ging 2022 an Katja Berkling, die ein altes Tagelöhnerhaus aus dem Jahr 1712 erwarb und liebevoll instand setzte. Auch von außen sieht man die aufwendige Arbeit an Fachwerk und Dach – da lohnt sich die Reise in Marburgs kleinsten Stadtteil Dilschhausen umso mehr.

111 Die Zwingli-Treppe

Späte Huldigung dem Streitbaren

Vom 1. bis zum 4. Oktober 1529 trafen sich Martin Luther, Philipp Melanchthon, Huldrych Zwingli und viele weitere namhafte Persönlichkeiten zum sogenannten Marburger Religionsgespräch in der Stadt an der Lahn. Es war das erste und einzige Mal, dass die führenden Reformatoren in dieser Zusammensetzung persönlich zusammenkamen.

Weil er auf ein starkes evangelisches Bündnis zählte und weiteren Zerwürfnissen vorbeugen wollte, hatte Landgraf Philipp der Großmütige in sein Schloss geladen und ließ für den hohen Besuch leckere Speisen und Wein auftischen. Hauptstreitpunkt war die Durchführung des Abendmahls, worüber auch in den 15 Marburger Artikeln, die am letzten Tag verabschiedet wurden, keine Einigung erzielt werden konnte. Weder Zwingli noch Luther gaben in der Kernfrage nach: Luther beharrte weiterhin auf der Realpräsenz von Brot und Wein, und Zwingli gelang es nicht zu beweisen, dass die Bibel das auch symbolisch gemeint haben könnte. Als in Marburg plötzlich eine tödliche, von Schweißausbrüchen begleitete Epidemie ausbrach, wurde das Treffen abrupt abgebrochen.

Von allen Anwesenden dieses wichtigen Ereignisses wurde lediglich nach Huldrych Zwingli – dem Kontrahenten von Luther – eine Treppe auf dem Weg zum Schloss benannt. Da in Marburg bis 2017 nichts an seinen Aufenthalt erinnerte, nahm man kurzerhand die auf dem Kirchengelände der Lutherischen Pfarrkirche befindliche Treppe und beschriftete sie mit einem seiner Sprüche: »Die große Zahl macht nicht die Wahrheit.« Eine nette, späte Geste der Huldigung, wenngleich der Theologe die Treppe nie hinaufgegangen sein kann, weil es sie damals noch gar nicht gab.

Seit 2017 verweist auch ein großes Schild neben dem Aufgang auf den Schweizer Theologen, der bereits zwei Jahre nach seinem Marburg-Besuch im Zweiten Kappelerkrieg gefangen genommen und getötet wurde. Sein Leichnam wurde gevierteilt und anschließend verbrannt.

Adresse Ecke Lutherischer Kirchhof/Ritterstraße, 35037 Marburg | ÖPNV Bus 10, Haltestelle Am Plan oder Sybelstraße | Tipp Kurioserweise verweist an dem Haus Barfüßerstraße 48 eine Tafel darauf, dass Martin Luther hier während des Marburger Religionsgesprächs gewohnt habe. Es gilt jedoch als sicher, dass alle Teilnehmer im Schloss schliefen. Hier, wo sich damals der Gasthof »Zum Bären« befand, könnte Luther sich nach der langen Reise jedoch frisch gemacht und umgezogen haben.

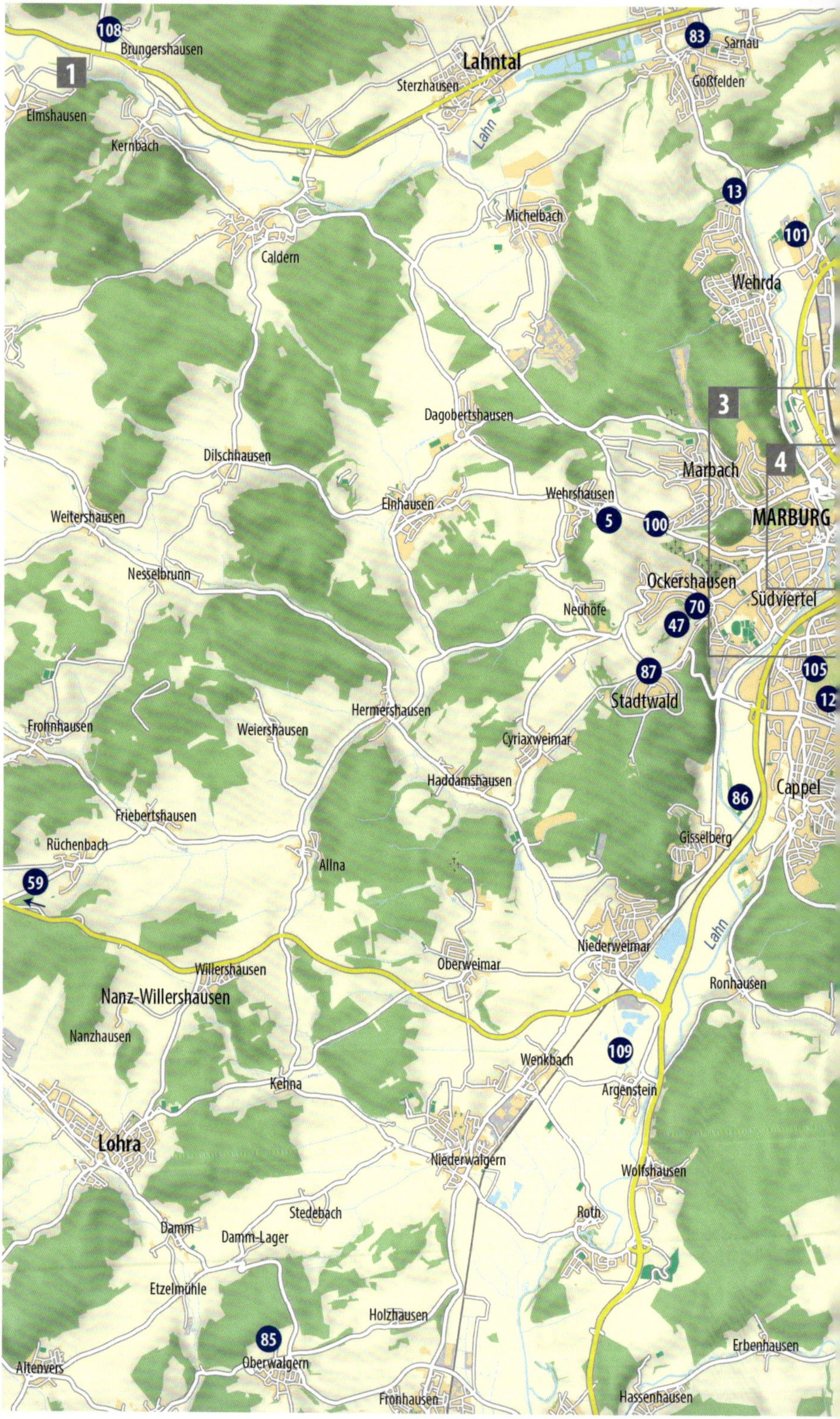

108
Brungershausen
1
Elmshausen
Kernbach
Lahntal
Sterzhausen
Lahn
83
Sarnau
Goßfelden
13
101
Michelbach
Caldern
Wehrda
Dagobertshausen
3
Dilschhausen
Marbach
4
Weitershausen
Elnhausen
Wehrshausen
5
100
MARBURG
Nesselbrunn
Ockershausen
Südviertel
70
Neuhöfe
47
87
105
Stadtwald
12
Frohnhausen
Hermershausen
Weiershausen
Cyriaxweimar
Haddamshausen
86
Cappel
Friebertshausen
Gisselberg
Rüchenbach
Allna
59
Niederweimar
Lahn
Willershausen
Oberweimar
Ronhausen
Nanz-Willershausen
Nanzhausen
109
Wenkbach
Kehna
Argenstein
Lohra
Niederwalgern
Wolfshausen
Stedebach
Roth
Damm
Damm-Lager
Etzelmühle
Holzhausen
85
Erbenhausen
Altenvers
Oberwalgern
Fronhausen
Hassenhausen

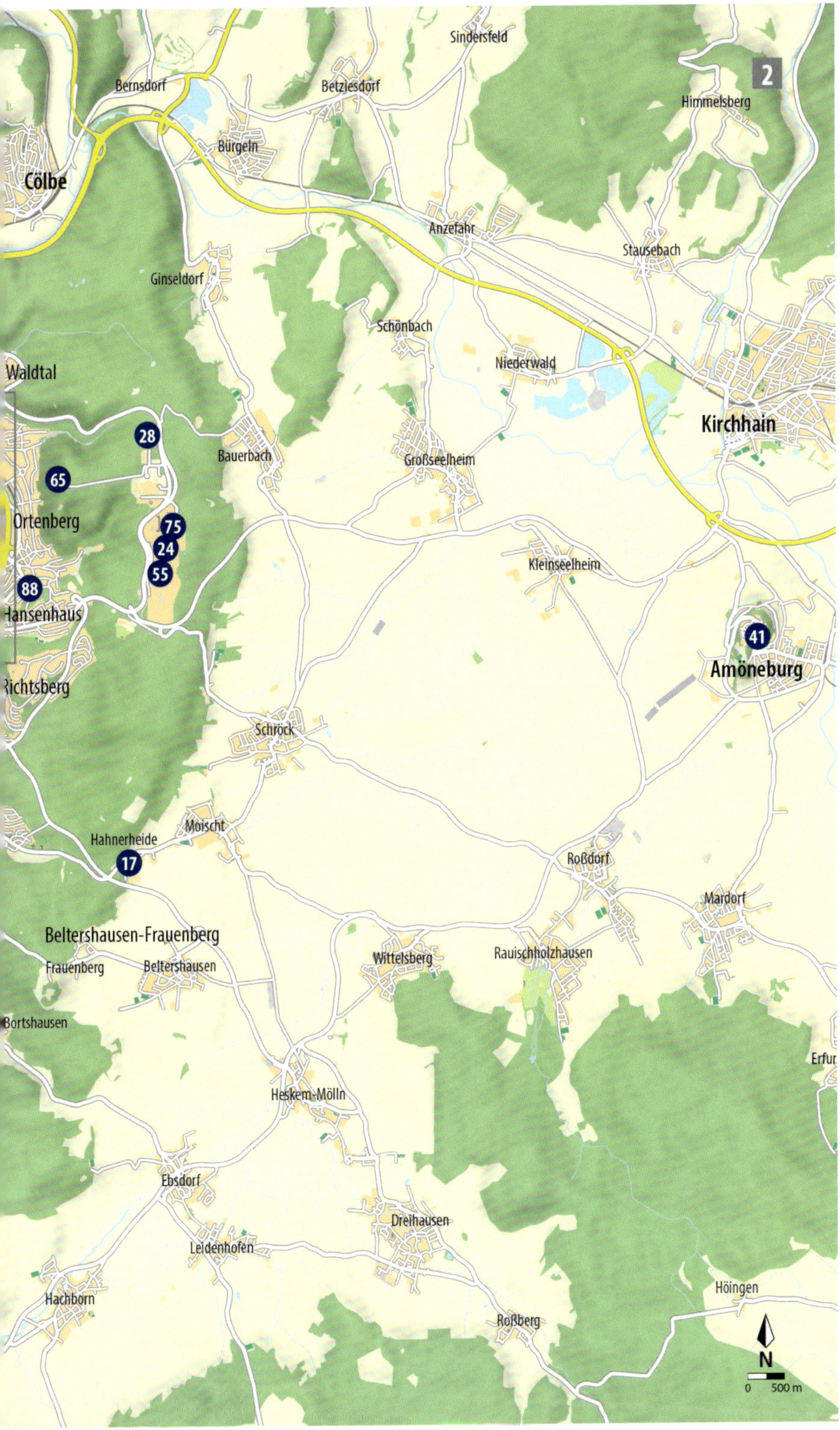
2
Sindersfeld
Bernsdorf
Betziesdorf
Himmelsberg
Bürgeln
Cölbe
Anzefahr
Stausebach
Ginseldorf
Schönbach
Niederwald
Waldtal
Kirchhain
28
65
Bauerbach
Großseelheim
Ortenberg
75
24
55
Kleinseelheim
88
Hansenhaus
41
Amöneburg
Richtsberg
Schröck
Moischt
Hahnerheide
17
Roßdorf
Mardorf
Beltershausen-Frauenberg
Frauenberg
Beltershausen
Wittelsberg
Rauischholzhausen
Bortshausen
Erfur
Heskem-Mölln
Ebsdorf
Dreihausen
Leidenhofen
Höingen
Hachborn
Roßberg
N
0
500 m

3
4
MARBACH
BIEGENVIERTEL
MARBURG
WEIDENHAUSEN
SÜDVIERTEL
Lahn
Neue Kasseler Straße
Wehrdaer Weg
Bahnhofstraße
Krummbogen
Emil-von-Behring-Straße
Ketzerbach
Marbacher Weg
Pilgrimstein
Biegenstraße
Erlenring
Rotenberg
Universitätsstraße
Ockershäuser Straße
Frankfurter Straße
Schwanallee
Weintrautstraße
Cappeler Straße
Großseelheimer Straße
66
77
3
110
96
37
69
25
78
54
71
79
95
10
20
6
4
61
97
33
56
2
84
81
N
0
200 m

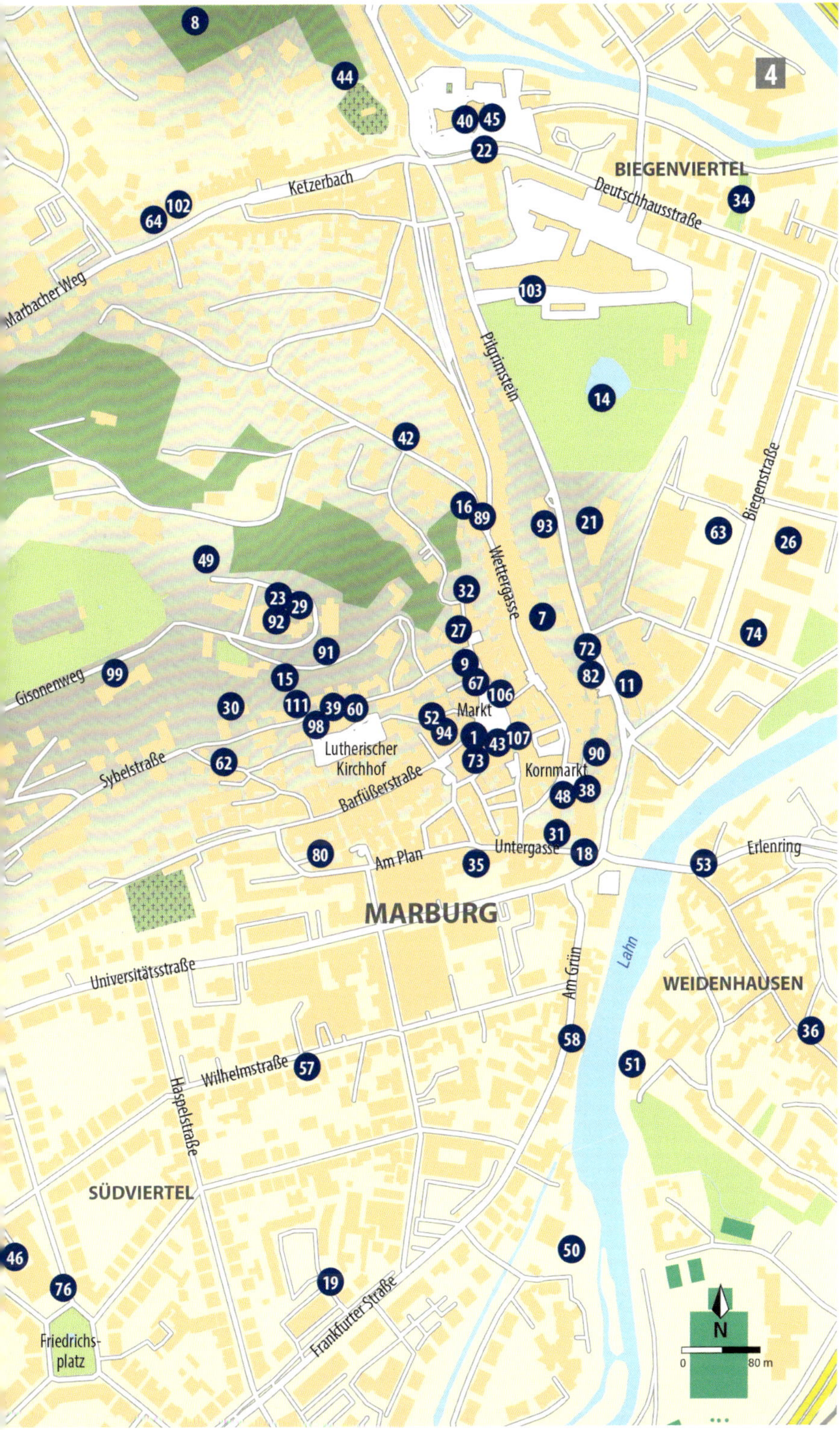

4
BIEGENVIERTEL
Ketzerbach
Deutschhausstraße
Marbacher Weg
Pilgrimstein
Biegenstraße
Wettergasse
Gisonenweg
Markt
Lutherischer Kirchhof
Sybelstraße
Barfüßerstraße
Kornmarkt
Untergasse
Am Plan
Erlenring
MARBURG
Lahn
Universitätsstraße
Am Grün
WEIDENHAUSEN
Wilhelmstraße
Haspelstraße
SÜDVIERTEL
Frankfurter Straße
Friedrichsplatz
N
0
80 m

Gertzud Steiger, Joachim Steiger
111 Orte im Odenwald, Spessart und an der Bergstrasse, die man gesehen haben muss
ISBN 978-3-7408-1512-7

Dorothee Fleischmann
111 Orte im Taunus, die man gesehen haben muss
ISBN 978-3-7408-1420-5

Tim Frühling
111 Orte in Mittelhessen, die man gesehen haben muss
ISBN 978-3-7408-1232-4

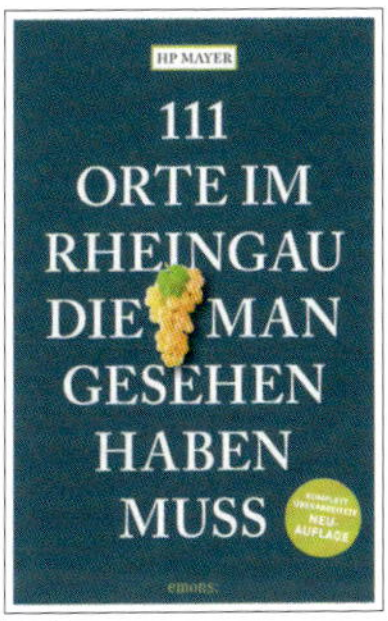

HP Mayer
111 Orte im Rheingau, die man gesehen haben muss
ISBN 978-3-7408-0999-7

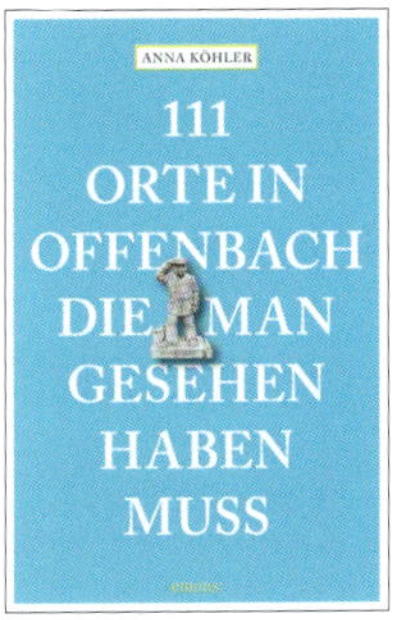

Anna Köhler
111 Orte in Offenbach, die man gesehen haben muss
ISBN 978-3-7408-0982-9

Holger Grumt Suárez,
Roland Grumt Suárez
111 Orte in und um Gießen, die man gesehen haben muss
ISBN 978-3-7408-0971-3

Ingo Stock
111 Orte im Werra-Meißner-Kreis, die man gesehen haben muss
ISBN 978-3-7408-0855-6

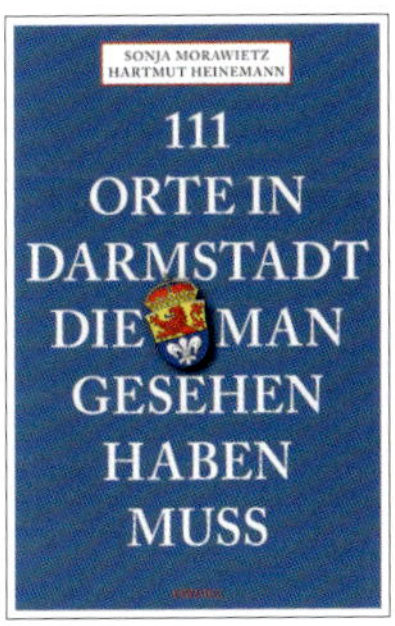

Sonja Morawietz,
Hartmut Heinemann
111 Orte in Darmstadt, die man gesehen haben muss
ISBN 978-3-95451-920-0

Thomas Baumann
111 Orte in der Kurpfalz, die man gesehen haben muss
ISBN 978-3-89705-891-0

Dina Knorr
111 Orte im Sauerland, die man gesehen haben muss
ISBN 978-3-7408-1509-7

Fabian Pasalk
111 Orte im Ruhrgebiet die man gesehen haben muss
ISBN 978-3-7408-1853-1

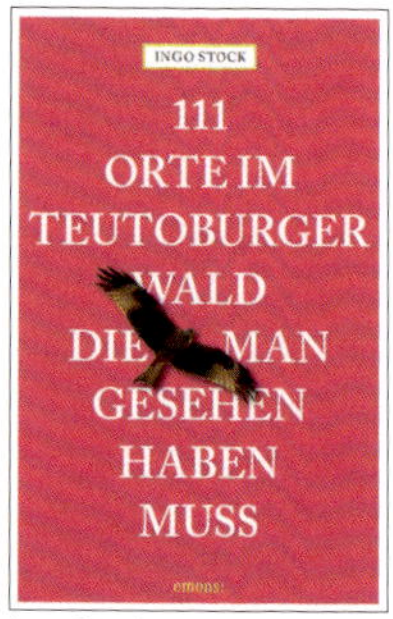

Ingo Stock
111 Orte im Teutoburger Wald, die man gesehen haben muss
ISBN 978-3-7408-1715-2

Bernd Imgrund
111 Orte in der Eifel, die man gesehen haben muss
ISBN 978-3-7408-1677-3

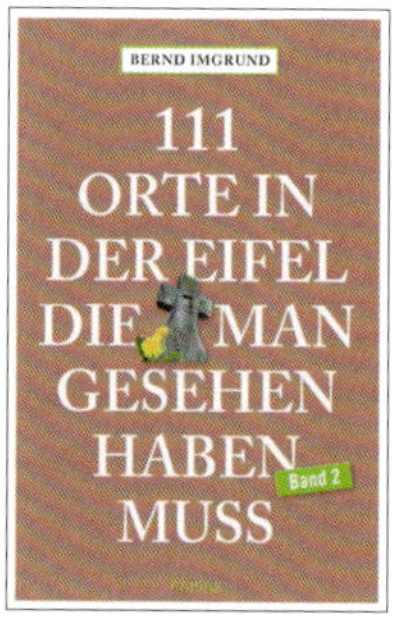

Bernd Imgrund
111 Orte in der Eifel, die man gesehen haben muss, Band 2
ISBN 978-3-7408-0552-4

Martin Nusch
111 Mal mit WDR 2 raus in den Westen
ISBN 978-3-7408-1191-4

Martin Nusch
111 Mal mit WDR 2 raus in den Westen, Band 2
ISBN 978-3-7408-1465-6

Jörn Heller
111 Orte in Siegen-Wittgenstein, die man gesehen haben muss
ISBN 978-3-7408-0976-8

Ursula Gilbert, Michael Klein
111 Orte im Siebengebirge, die man gesehen haben muss
ISBN 978-3-7408-1871-5

Rüdiger Liedtke
111 Heilige im Rheinland, die man kennen muss
ISBN 978-3-7408-0886-0

Bernd Imgrund
111 Kölner Orte, die man gesehen haben muss
ISBN 978-3-7408-0801-3

Bernd Imgrund
111 Kölner Orte, die man gesehen haben muss, Band 2
ISBN 978-3-7408-1831-9

Barbara Kemmer, Frank Schmitt
111 Orte in Koblenz, die man gesehen haben muss
ISBN 978-3-7408-0439-8

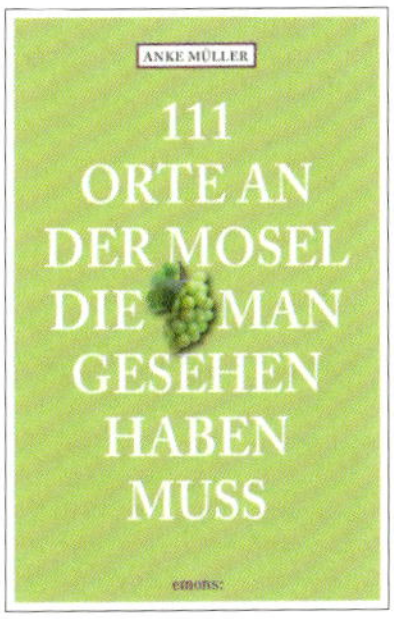

Anke Müller
111 Orte an der Mosel, die man gesehen haben muss
ISBN 978-3-95451-325-3

Peter Bieg
111 Orte in Trier, die man gesehen haben muss
ISBN 978-3-7408-1294-2

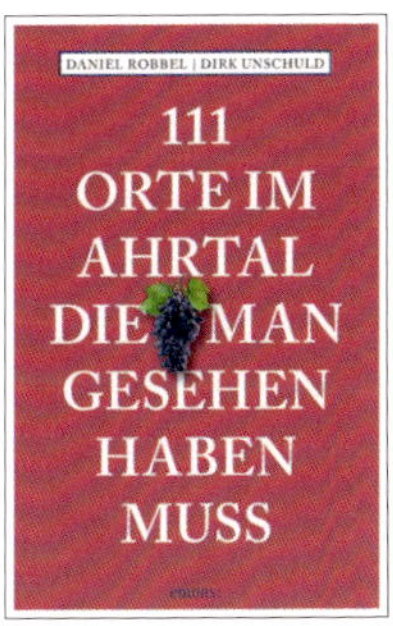

Daniel Robbel, Dirk Unschuld
111 Orte im Ahrtal, die man gesehen haben muss
ISBN 978-3-7408-1370-3

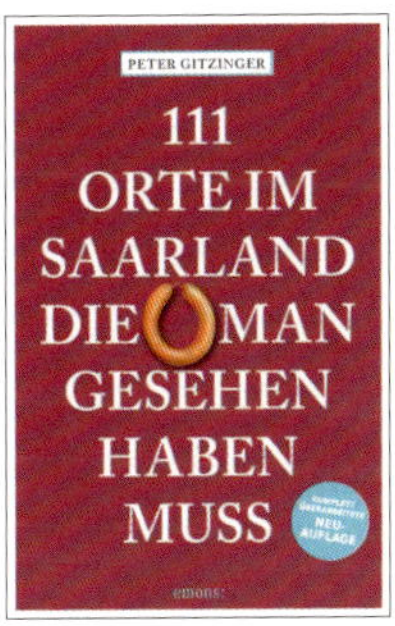

Peter Gitzinger
111 Orte im Saarland, die man gesehen haben muss
ISBN 978-3-7408-1265-2

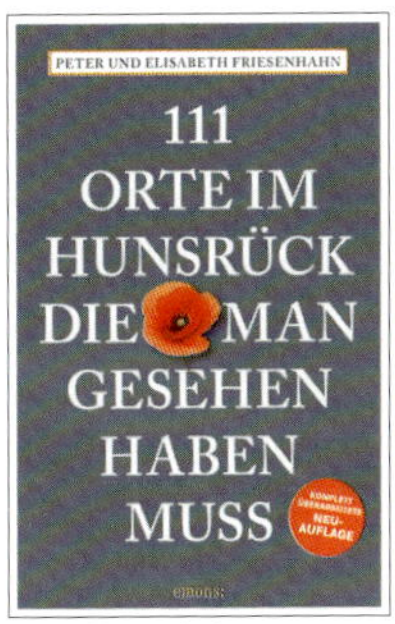

Peter Friesenhahn, Elisabeth Friesenhahn
111 Orte im Hunsrück, die man gesehen haben muss
ISBN 978-3-7408-1090-0

Christina Bacher, Jahrgang 1973, hat zwölf Jahre in Marburg gelebt und kommt immer wieder gerne in die Stadt zurück. Sie arbeitet als Chefredakteurin eines Straßenmagazins, schreibt Jugendbücher, Kriminalromane und gibt Schreibwerkstätten für Groß und Klein.

Thorsten Richter, geboren 1976 in Oelde, studierte Medienwissenschaft in Marburg und war danach freier Fotojournalist für Tageszeitungen und Agenturen. Seit 2010 ist er Bildredakteur in der Foto-/Videoredaktion der Oberhessischen Presse.